たれとソース 毎日の便利帳

検見﨑 聡美

青春新書
PLAYBOOKS

たれとソースがあれば、いつもの料理がもっとおいしく！

思うような味に仕上がらない、作ってみたい料理はあるけれど味つけがわからない……、そんな悩みを持つ人は多いのではないでしょうか。

でも、もう大丈夫。料理の味つけで大切なのは、黄金率ともいえる調味料の割合ですが、本書ではとっておきの「おいしさ黄金率」で作るたれとソースを１００種類以上も紹介しています。

失敗しがちな煮魚も、ときどき作りたくなる白和えも、いつかは挑戦したかったタイ料理も、作りたい料理がおいしく簡単に作れます。

また、作りおきがきく万能だれと万能ソースは、忙しいあなたの強い味方に。煮物に、炒め物に、つけだれに、和え衣にと、アイデア次第でさまざまな料理に活用できます。

調味料の分量は「大さじ」「小さじ」「カップ」と、すべてイラストで表示してあるので一目瞭然。手間いらず、失敗知らずのたれとソースで、いつもの料理がもっとおいしく生まれ変わります！

たれとソース 毎日の便利帳・・・contents

万能だれ・万能ソース

昆布しょうゆ薬味だれ……12
じゃこしょうゆだれ……14
ごまみそだれ……16
梅だれ……18
トマトソース……20
アンチョビにんにくオイル……22
中華風薬味だれ……24
豆板醤酢……26
オイスターソースだれ……28
エスニックソース……30
スイートチリソース……32
キムチだれ……34
ヤンニョムジャン……36
サムジャン……38

煮物のたれ

煮魚の煮汁（しょうゆ味）……42
煮魚の煮汁（みそ味）……44
肉じゃがのたれ……46
きんぴらのたれ……48
角煮のたれ……50
筑前煮のたれ……52
炊き合わせのたれ……54

含め煮のたれ……56
煮びたしのたれ……58
中華風しょうゆ煮込みのたれ……60
中華風みそ煮込みのたれ……62
オイスターソース煮込みのたれ……64

炒め物のたれ

みそ炒めのたれ……68
辛子酢炒めのたれ……70
蒲焼きのたれ……72
塩麹炒めのたれ……74
ゴーヤーチャンプルーのたれ……76
卵焼きのたれ……78
チンジャオロースーのたれ……80
ホイコーローのたれ……82
麻婆豆腐のたれ……84
えびチリのたれ……86
えびマヨ炒めのたれ……88
酢豚のたれ……90
青菜炒めのたれ……92
エスニック炒めのオイスターだれ……94
エスニック炒めのみそだれ……96
鶏肉のバジル炒めのたれ……98

漬け込みだれ

しょうが焼きのたれ……102
照り焼きのたれ……104
鶏のから揚げのたれ……106

ジンギスカンのたれ……108
南蛮漬けのたれ……110
みそ漬けのみそ床……112
づけ丼のたれ……114
浅漬けのたれ……116
ハリハリ漬けのたれ……118
バーベキューソース……120
ローストチキンのたれ……122
マリネ液……124
野菜ピクルスのたれ……126
中華風即席漬けのたれ……128
プルコギのたれ……130
タンドリーチキンのたれ……132
サテーのたれ……134

鍋物

寄せ鍋のつゆ……138
塩ちゃんこのつゆ……140
みそちゃんこのつゆ……142
おでんのつゆ……144
すき焼きの割り下……146
豆乳鍋のつゆ……148
イタリアン鍋のつゆ……150
カレー鍋のつゆ……152
チゲのつゆ……154
火鍋のつゆ……156

つけだれ・かけだれ

ポン酢しょうゆ……160
薬味酢……162
ごまだれ……164
練りみそ……166
みそかつのたれ……168
バンバンジーのたれ……170
焼肉のつけだれ（しょうゆ味）……172
焼肉のつけだれ（レモン味）……174
生春巻きのたれ……176

ソース

ハンバーグソース……180
マスタードソース……182
レモンソース……184
タルタルソース……186
ツナソース……188
カクテルソース……190
ピザソース……192
ジェノベーゼソース……194
バーニャカウダソース……196

ごはん・めん

親子丼のたれ……200
かつ丼のたれ……202
すし酢……204
いなりずしの油揚げの煮汁……206

炊き込みごはんのたれ（しょうゆ味）……208
炊き込みごはんのたれ（塩味）……210
タコライスのたれ……212
めんつゆ……214
みそ煮込みうどんのつゆ……216
ソーメンチャンプルーのたれ……218
ナポリタンのたれ……220
カルボナーラのたれ……222
しょうゆ焼きそばのたれ……224
あんかけ焼きそばのたれ……226
冷やし中華のたれ……228
パッタイのたれ……230
フォーのスープ……232
ビビンめんのたれ……234

酢の物・和え物

三杯酢……238
甘酢……240
酢みそ……242
おひたしの和え汁……244
ごま和えのたれ……246
白和えの和え衣……248
ナムルのたれ……250
チャプチェのたれ……252
ガドガドのたれ……254

ドレッシング

フレンチドレッシング……258

料理がおいしくなる話

本書の使い方

◎たれとソースは作りやすい分量、活用レシピの材料はすべて2人分です。
◎大さじ1は15㎖、小さじ1は5㎖、1カップは200㎖です。

本文デザイン　青木佐和子

万能だれ・万能ソース

さまざまな料理に活用できる、応用力抜群のたれとソースです。

冷蔵庫で1週間ほど保存できます。

和食

昆布しょうゆ薬味だれ

——昆布のだしがきいている、風味豊かな和風だれ

しょうゆ〈1/2カップ〉

みりん〈1/2カップ〉

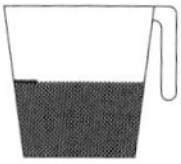

昆布〈3㎝角1枚〉

長ねぎの
みじん切り　〈大さじ3〉

しょうがの
みじん切り　〈大さじ1〉

作り方

すべての材料を混ぜ合わせる。

活用レシピ

ゆでて水気をしぼった葉野菜にかけたり、3倍の水で割れば煮物の煮汁に。

[青梗菜の薬味和え]

青梗菜1株は根元を落として葉をはがし、熱湯で色よくゆでて冷水にとる。水気をよくしぼって3cm幅に切り、たれ大さじ1～2で和える。

[薄切り肉の薬味煮]

鍋にたれ1/4カップと水3/4カップを合わせて煮立て、豚ロース薄切り肉150gを加えて火を通す。アクを取ってさらに2～3分煮る。

和食

じゃこしょうゆだれ

――じゃこのうまみたっぷりの甘めのしょうゆだれです

しょうゆ　〈1/4カップ〉

みりん　〈1/4カップ〉

砂糖　〈大さじ1〉

水　〈1/2カップ〉

ちりめんじゃこ　〈1カップ〉

作り方

すべての材料を鍋に合わせ、2分ほど煮立てる。

活用レシピ

冷奴にかけたり、同量～1・5倍の水で薄めてめんつゆにしたり。

［小松菜の煮びたし］

鍋にたれ1／2カップと水1／2カップを合わせ、煮立ったところに4cm幅に切った小松菜を加える。上下を返し、しんなりするまで2～3分煮る。

［じゃこチャーハン］

ごま油大さじ2で茶碗2杯分のごはんをぱらりとするまで炒める。鍋肌からたれ大さじ4～5をまわし入れて炒め、万能ねぎの小口切りを加えて混ぜる。

和食

ごまみそだれ

——みそのコクとごまの香ばしさが口いっぱいに広がります

みそ　〈大さじ6〉

砂糖　〈大さじ3〉

みりん　〈大さじ3〉

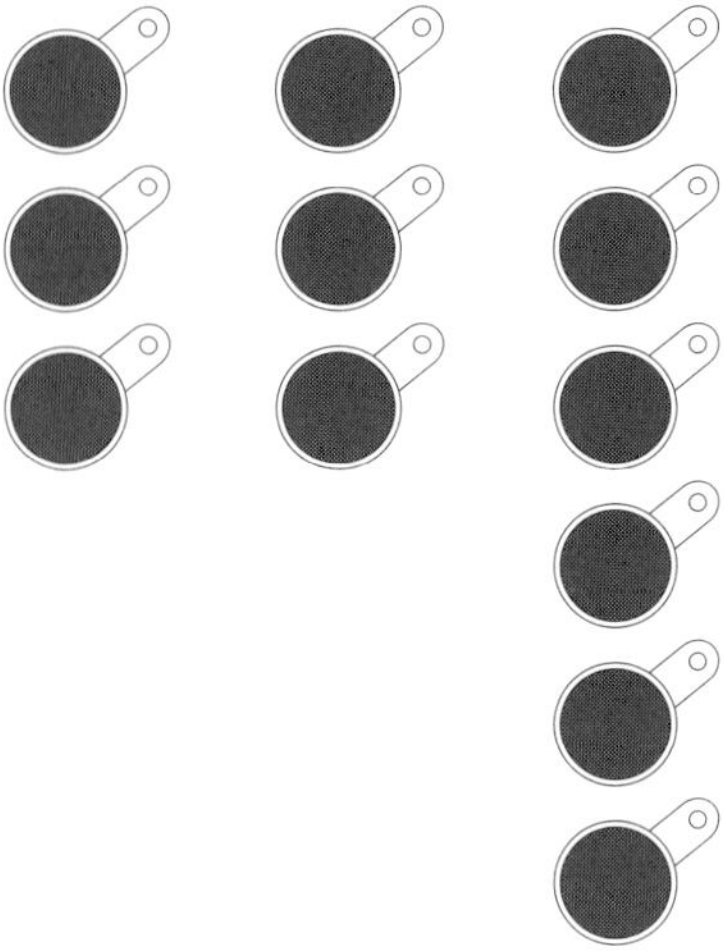

かつお節　〈1/2カップ〉

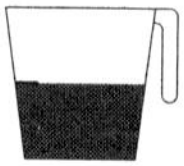

すりごま（白）　〈大さじ4〉

作り方　すべての材料を混ぜ合わせる。

活用レシピ

炒め物や和え物の味つけに。たれ大さじ4～5に対して水1カップを加えれば煮物の煮汁に。

［ししとうのみそ炒め］

斜め半分に切ったししとう20本をサラダ油大さじ1で炒め、たれ大さじ3～4を加えて炒め合わせる。

［さといものごまみそ和え］

さといも2～3コは皮をむいてひと口大に切り、塩でもんでぬめりを洗い落とす。やわらかくなるまでゆでたら湯を捨て、たれ大さじ3～4で和える。

和食

梅だれ

——梅のさわやかな酸味がほどよくきいたさっぱりだれ

梅肉〈大さじ4〉

砂糖〈大さじ2〉

しょうゆ〈大さじ1〉

酢　〈大さじ1〉

作り方　すべての材料を混ぜ合わせる。

活用レシピ

ゆでた野菜や薄切り肉を和えたり、ドレッシングやマヨネーズに混ぜても。

［玉ねぎとアスパラの梅肉和え］

玉ねぎ1／2コは1㎝幅のくし形切り、アスパラガス6本は3㎝長さに切る。それぞれ20〜30秒ゆでて冷水にとり、水気をきってたれ大さじ2〜3で和える。

［かじきまぐろの梅焼き］

かじきまぐろ2切れに塩と酒少々をふり、グリルで焼く。ほぼ火が通ったら表面にたれを大さじ1ずつ塗り、さらに1〜2分表面が乾く程度まで焼く。

［豚肉と長ねぎの梅炒め］

豚こま切れ肉100g、1㎝幅の斜め切りにした長ねぎ1本を炒める。豚肉に火が通ったら、たれ大さじ2〜3を加えて炒め合わせる。

洋食

トマトソース

——パスタに煮物にと大活躍のみんな大好きな味です

トマトの水煮（角切り） 〈2カップ〉

玉ねぎのみじん切り 〈2カップ〉

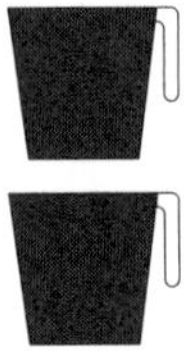

セロリのみじん切り 〈1/2カップ〉

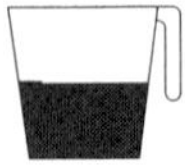

塩 〈小さじ1〉

こしょう 〈少々〉

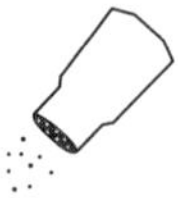

ローリエ 〈1枚〉

にんにくのみじん切り 〈小さじ1〉 

オリーブ油 〈大さじ2〉 

タイム(ドライ) 〈小さじ1/2〉 

オレガノ(ドライ) 〈小さじ1/2〉 

作り方

オリーブ油で玉ねぎ、セロリ、にんにくをしんなりするまで炒める。トマトの水煮、塩、こしょう、ローリエ、タイム、オレガノを加え、汁気がなくなるまで煮る。

●活用レシピ

パスタソース、ピザソースに。煮物にも利用できる。

[ベーコンとトマトのパスタソース]

ベーコン100gは2cm幅に切り、オリーブ油でかりかりになるまで炒める。ソース1カップを加えてひと煮立ちさせる。

[いわしのトマト煮]

いわし2尾は頭と内臓を取り除いて水でよく洗い、水気を拭いてオリーブ油で両面をこんがりと焼く。白ワイン1/4カップ、ソース1カップを加え、フタをして5～6分煮る。

洋食

アンチョビにんにくオイル

——さっとからめるだけでイタリアンに変身します

オリーブ油〈大さじ2〉

にんにくのみじん切り〈大さじ1〉

アンチョビのみじん切り〈大さじ1〉

作り方

オリーブ油とにんにくを合わせ、弱火で炒める。にんにくがこんがりときつね色になったら、火からおろしてアンチョビを混ぜ合わせる。

● 活用レシピ

魚介や鶏肉を炒め、最後に加えてからめたり、野菜サラダにそのままかけたり。カルパッチョのソースにも。

[トマトとチーズのサラダ]

ミニトマト10コはへたを取って半分に切る。モッツァレラチーズ1コは1cm角に切る。トマトとチーズを合わせ、オイル大さじ1で和える。

[じゃがいものサラダ]

じゃがいも1コは皮をむいてひと口大に切り、やわらかくゆでたら湯を捨て、鍋をゆすって水分を飛ばして粉ふきいもにする。熱いうちにオイルを加えて和え、玉ねぎのみじん切り大さじ2を加えてさっくり混ぜ合わせる。

[アボカドとたいのサラダ]

アボカド1/2コは1cm角に切り、レモン汁小さじ1をまぶす。たい(刺身用)1サクは1cm角に切る。アボカドとたいを合わせ、オイル大さじ1で和える。

[アンチョビパスタ]

パスタをゆでて湯をきり、オイルで和える。

中華

中華風薬味だれ

――オイスターソースが隠し味。薬味もたっぷりで食欲をそそられます

しょうゆ〈大さじ3〉

酢〈大さじ3〉

砂糖〈大さじ1〉

長ねぎのみじん切り〈大さじ2〉

しょうがのみじん切り〈小さじ1〉

にんにくのみじん切り〈小さじ1〉

オイスターソース〈小さじ1〉

ごま油〈小さじ1〉

作り方 すべての材料を混ぜ合わせる。

活用レシピ

油淋鶏のかけだれに最適。ほかに、ギョーザやシューマイのつけだれにしたり、蒸し鶏やゆで豚を和えたり。豆腐にかければ中華風奴に。

[油淋鶏]

鶏もも肉に酒、しょうゆ、塩をふって10分おく。卵、片栗粉をもみ込んでからりと揚げ、たれをかける。

中華

豆板醤酢

——ピリリとした辛さがアクセント、炒め物にも活用できます

酢〈大さじ3〉

豆板醤《とうばんじゃん》〈小さじ2〉

しょうゆ〈小さじ1〉

砂糖　〈小さじ1〉

ごま油　〈小さじ1〉

作り方　すべての材料を混ぜ合わせる。

活用レシピ
ギョーザや春巻きのつけだれにしたり、春雨や冷奴にかけたり。

［セロリの中華風即席漬け］
セロリ1本は筋を取って7〜8㎜角、4㎝長さに切る。たれ大さじ2で和え、味がなじむまでおく。

［もやしの酢炒め］
豚ひき肉50gは酒大さじ1をふり、ごま油大さじ1でぽろぽろになるまで炒める。もやし1袋を加えてさっと炒め、たれ大さじ3〜4を鍋肌からまわし入れて塩少々で味をととのえる。

中華

オイスターソースだれ

——豊かな香りとコクがあとをひくおいしさです

オイスターソース〈大さじ1〉

しょうゆ〈大さじ1〉

ごま油〈大さじ1〉

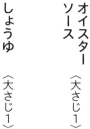

こしょう　〈少々〉

作り方　すべての材料を混ぜ合わせる。

活用レシピ

ピータンにかけたり、蒸し野菜やゆで野菜を和えたり。魚の照り焼き、チャーハンや焼きそばの味つけにも。

［牛肉とトマトの炒め物］

牛こま切れ肉150gに塩こしょうし、片栗粉小さじ1をまぶす。サラダ油でにんにくの薄切り1かけ分を炒め、香りが立ったら牛肉を加える。牛肉の色が変わったらひと口大に切ったトマト1コを加えてさっと炒め、たれ大さじ1～2を鍋肌からまわし入れて手早く炒める。

［豆腐のオイスターソース煮］

木綿豆腐1丁は2cm幅に切って水気を拭き、ごま油大さじ1/2で両面を焼きつける。こんがりしたら水1/4カップ、たれ大さじ1～2を加え、2～3分煮る。万能ねぎの小口切りを散らす。

エスニックソース

——ナンプラーの個性的な風味がクセになります

ナンプラー　〈大さじ2〉

レモン汁　〈大さじ2〉

砂糖　〈大さじ1〉

にんにくのみじん切り〈小さじ1〉

刻み唐辛子〈小さじ1〉

作り方

すべての材料を混ぜ合わせる。

活用レシピ

生野菜、ゆでた魚介や肉にかけて。

[にんじんのソムタム風]

にんじん1本は細切り、玉ねぎ1/4コは薄切り、香菜3本は刻む。桜えび大さじ2はからいりし、ピーナッツ大さじ1は刻む。ソース大さじ2で和える。

[春雨サラダ]

春雨30gはゆでて食べやすい長さに切る。えび6尾は頭、背わた、殻、尾を取ってゆでる。にんじん、セロリ、玉ねぎは薄切り、万能ねぎは2cm幅に切る。ソース大さじ2〜3で和える。

エスニック

スイートチリソース

――甘み、辛み、酸味のバランスが絶妙です

トマトピューレ〈大さじ4〉

豆板醤〈大さじ2〉

酢〈大さじ2〉

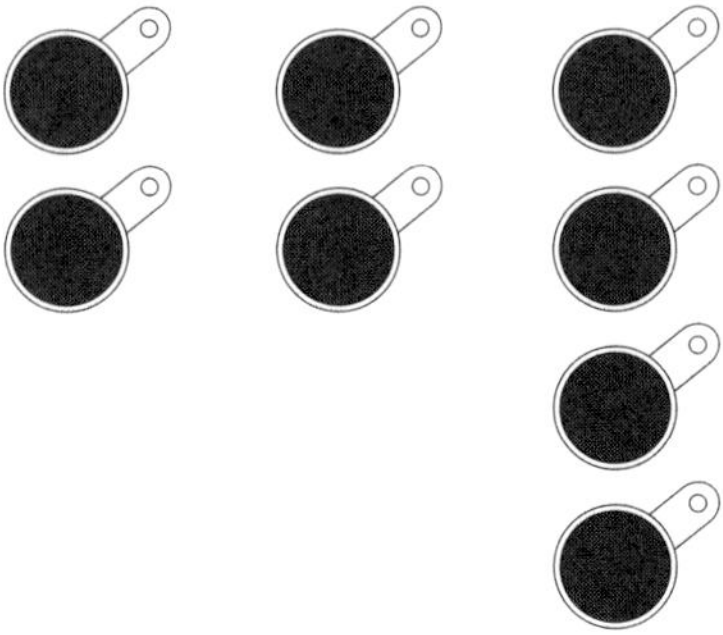

砂糖 〈大さじ2〉

ナンプラー 〈大さじ1〉

おろしにんにく 〈小さじ1〉

作り方

すべての材料を混ぜ合わせる。

活用レシピ

生野菜、蒸した魚、から揚げにかけて。

［タイ風卵炒め］

豚ひき肉、にんじんと長ねぎのみじん切りを炒め、溶き卵を加えて混ぜる。ふんわり焼けたらソースを加えて混ぜ合わせる。

キムチだれ

——素材を際立たせる、深みのある辛さと味わいです

- 昆布茶〈大さじ1〉
- だしの素（煮干し・粉末）〈大さじ1〉
- 水〈1カップ〉
- 砂糖〈大さじ1/2〉
- 塩〈小さじ1〉
- おろししょうが〈大さじ1〉

粉唐辛子〈大さじ4〉

おろしにんにく〈大さじ1〉

作り方

昆布茶、だしの素、水を鍋に合わせて2分煮立てて冷ます。粉唐辛子、砂糖、塩、しょうが、にんにくを加えて混ぜる。

活用レシピ

生野菜を和えたり、肉や魚を漬け込んで焼いても。炒め物の味つけに利用すればキムチ炒め風の炒め物に。

[白菜キムチ]

白菜3～4枚はひと口大に切り、たれ大さじ3～4を加えてしんなりするまでもみ込む。

[きゅうりと大根のキムチ]

きゅうり1本は縦4つ割りにして4㎝長さに、大根4㎝は1㎝角の棒状に切る。たれ大さじ3～4をからめ、しんなりするまでおく。

[豚肉とセロリの炒め物]

豚ばら肉100gは3㎝幅に切り、セロリは筋を取って5㎜幅の斜め切りにする。豚肉をかりかりになるまで炒め、セロリを加えてさっと炒め、たれ大さじ2～3をからめる。

エスニック

ヤンニョムジャン

——韓国に古くから伝わるピリリと辛いたれです

しょうゆ〈大さじ6〉

砂糖〈大さじ2〉

ごま油〈大さじ2〉

すりごま(白)〈大さじ2〉

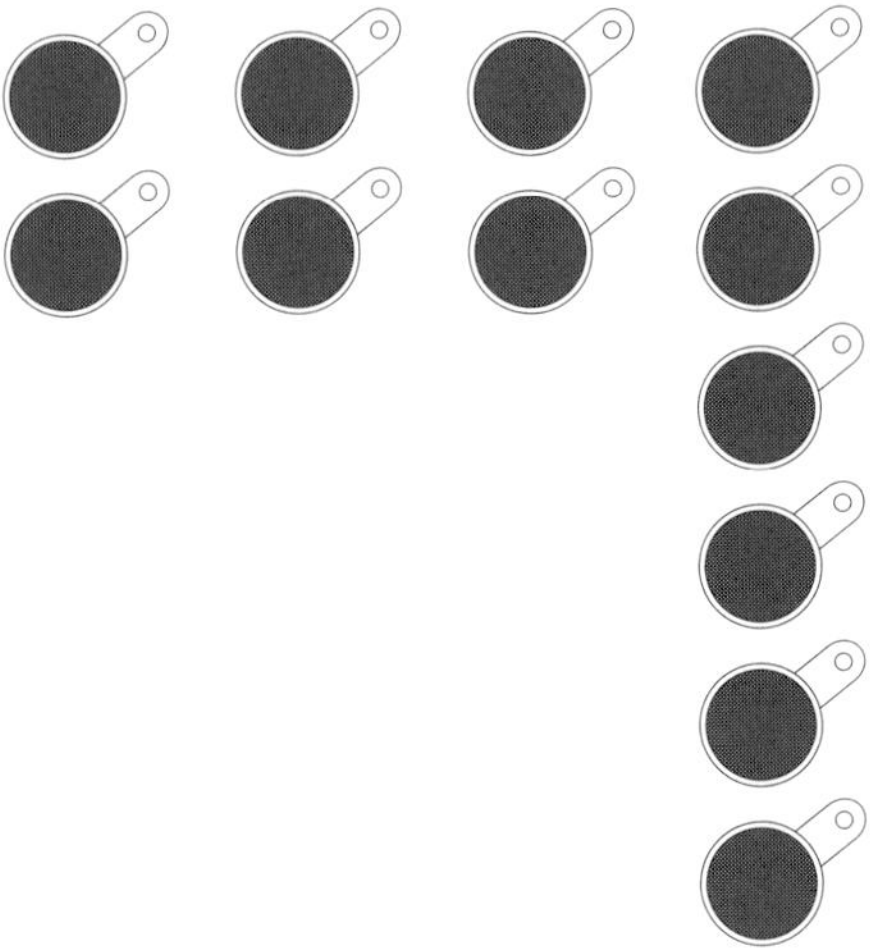

粉唐辛子　〈大さじ1〉

おろしにんにく　〈小さじ1〉

作り方　すべての調味料を混ぜ合わせる。

活用レシピ

チヂミやギョーザのたれにしたり、揚げ物にかけたり、ゆでた野菜や魚介などを和えたり。たれ大さじ2に水1カップを加えれば煮魚の煮汁にも。

[きゅうりとたこの薬味和え]

きゅうり1本は縦半分に切ってから斜め薄切りに、ゆでだこの足1本はそぎ切りにする。たれ大さじ1で和える。

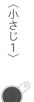

エスニック

サムジャン

――にんにくの風味がきいた、肉にも野菜にも合うたれです

コチュジャン〈大さじ4〉

みそ〈大さじ4〉

しょうゆ〈大さじ3〉

ごま油〈大さじ3〉

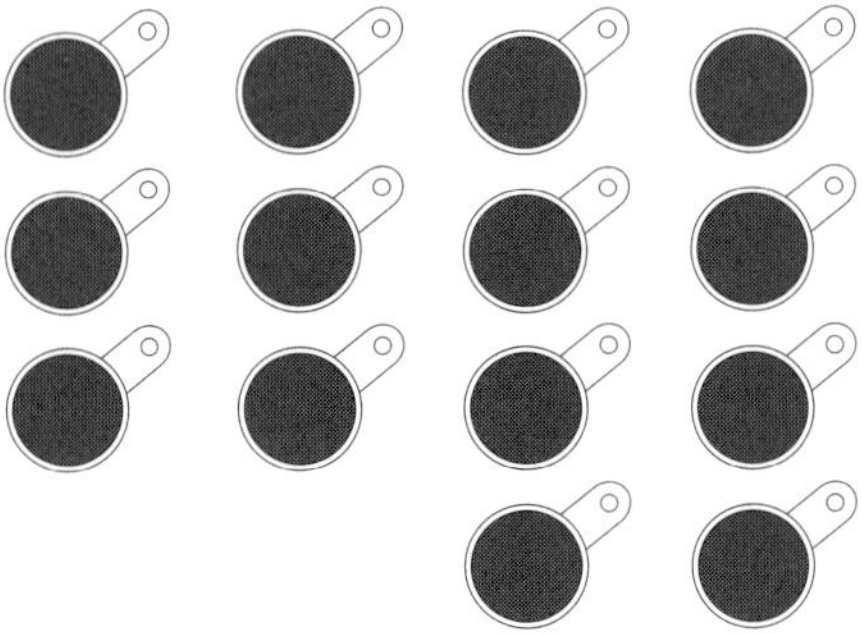

長ねぎのみじん切り　〈大さじ3〉

いりごま（白）　〈大さじ2〉

おろしにんにく　〈小さじ1〉

作り方

すべての材料を混ぜ合わせる。

活用レシピ

焼肉のたれ、炒め物の味つけに。

［ゆで豚と三つ葉の和え物］

しゃぶしゃぶ用の豚肉１００gをゆでてザルにとり、水気をよくきる。三つ葉1束は色よくゆで、３cm幅に切る。たれ大さじ2で和える。

［にんにくの芽のみそ炒め］

にんにくの芽を３cm幅に切って炒め、鮮やかな色になったらたれを加えて炒め合わせる。

大さじと小さじの話

料理がおいしくなる

おいしいたれやソースを作るために、正しい計量スプーンの使い方を習得しましょう。

【液体を計量する場合】

◎大さじ1・小さじ1…計量スプーンの縁のぎりぎりまで入れる。

◎1/2・1/3・1/4…計量スプーンは底にいくほど狭くなるので、1/2はスプーンの7〜8割、1/3は5〜6割、1/4は2〜3割を目安にする。

【粉物を計量する場合】

◎大さじ1・小さじ1…大さじ1・小さじ1というのは、すりきりで1杯のこと。材料を多めにすくったら、別の軽量スプーンの柄などで余分な粉を落として、表面を平らにならす。

◎1/2・1/3・1/4…さじ1杯を作ったら、別の計量スプーンの柄などを表面に対して垂直に差し入れ、1/2なら半分を、1/3なら2/3を、1/4なら3/4を払い落とす。

煮物のたれ

煮魚、肉じゃが、きんぴらなど、おなじみのお惣菜の味が勢ぞろい。

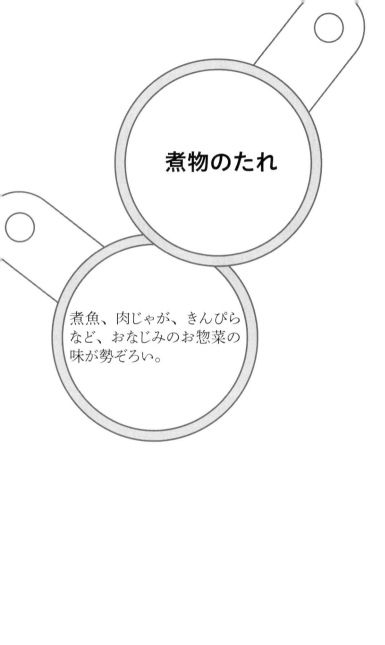

和食

煮魚の煮汁（しょうゆ味）

——失敗しがちな魚の煮つけがおいしく作れます

しょうゆ　〈大さじ2〉

酒　〈大さじ3〉

みりん　〈大さじ1〉

水　〈3/4カップ〉

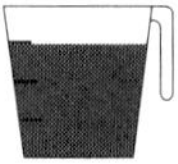

作り方　すべての材料を混ぜ合わせる。

活用レシピ

［きんめだいの煮つけ］

鍋に煮汁を入れて強火にかける。煮立ったらきんめだい2切れを入れ、再び煮立ったら落とし蓋をして中火で約15分煮る。

［豚肉のおろし煮］

鍋に煮汁を入れて強火にかける。煮立ったら豚薄切り肉200gを加え、中火で3～4分、菜箸などで混ぜながら煮る。水気をきった大根おろし1／2カップを入れ、ひと煮する。

［にらと桜えびの卵とじ］

にら1束は2㎝幅に切る。鍋に煮汁を入れて強火にかける。煮立ったらにら、桜えび大さじ2を加えて1～2分煮る。にらがしんなりしたら卵2コを溶いて入れ、フタをして卵が好みのかたさになるまで弱火で火を通す。

和食

煮魚の煮汁（みそ味）

――こってりしたみそ味のたれは、青魚や肉と相性抜群です

みそ〈大さじ2〉

砂糖〈大さじ2〉

酒〈大さじ2〉

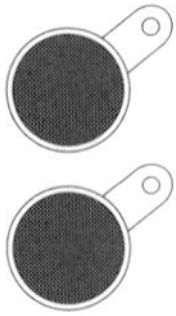

水 〈3/4カップ〉

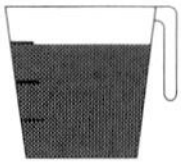

作り方 すべての材料を混ぜ合わせる。

●活用レシピ

［さばのみそ煮］

鍋に煮汁を入れて強火にかける。煮立ったらさば2切れを入れる。再び煮立ったら中火にし、落とし蓋をして7～8分煮る。3cm長さに切った長ねぎ1本を加え、ときどき煮汁をかけながらさらに7～8分煮る。

［さつまいものみそ煮］

さつまいも1本は1cm幅の輪切りにし、水に10分さらして水気を拭く。ごま油でこんがりと焼き、煮汁を加えて落とし蓋をし、中火で15分、さつまいもがやわらかくなるまで煮る。

［豚肉とごぼうのみそ煮］

豚ばら薄切り肉200gは5cm幅に切って炒め、ごぼうのささがき1/2本分を加えさらに炒める。煮汁を加え、汁気がほぼなくなるまで煮る。

和食

肉じゃがのたれ

——みんな大好きな〝おふくろの味〟の決定版

しょうゆ〈大さじ2〉

酒〈大さじ2〉

砂糖〈大さじ1/2〉

作り方

すべての材料を混ぜ合わせる。

活用レシピ

[肉じゃが]

じゃがいも3コは皮をむいてひと口大に、玉ねぎ1/2コは細切りにする。サラダ油大さじ1でじゃがいもを炒め、こんがりしたら玉ねぎ、牛こま切れ肉100gを炒め合わせる。たれを加えて水をひたひたに注ぎ、強火にする。煮立ったら中火にしてアクを取り、落とし蓋をする。ときどき上下を返しながら、汁気がほとんどなくなるまで煮る。

[かぼちゃのしょうゆ煮]

かぼちゃ1/4コは種とわたを取り除き、ひと口大に切って鍋に入れる。水をひたひたに注いで中火にかけ、たれを加えて落とし蓋をして、やわらかくなるまで15~20分煮る。

[もやしとひき肉のいり煮]

フライパンにたれを入れ、豚ひき肉150gを加えてよく混ぜてから中火にかける。かき混ぜながら火を通し、肉がぽろぽろになったら根をつんだもやし1袋、湯1/4カップを加え、強火にしてひと煮する。

きんぴらのたれ

——どんな野菜でも、おいしいきんぴらが作れます

しょうゆ〈大さじ1〉

酒〈大さじ2〉

みりん〈大さじ2〉

砂糖〈小さじ1〉

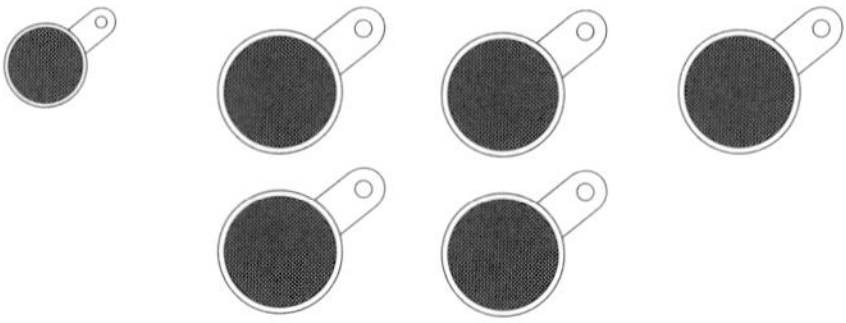

塩　〈小さじ1/2〉

だし汁　〈1/4カップ〉

作り方　すべての材料を混ぜ合わせる。

●活用レシピ

[きんぴらごぼう]

ごま油で輪切りの唐辛子少々、細切りにしたごぼう1本とにんじん1／2本を4～5分炒める。油がよくなじんだらたれを加え、汁気がなくなるまで煮る。

[こんにゃくの青のり煮]

こんにゃく1枚は5㎜幅に切って下ゆでし、からいりする。水気が飛んだらたれを加え、弱火で汁気がなくなるまで煮る。火からおろし、青のり大さじ2をまぶす。

和食

角煮のたれ

——甘辛のしょうゆ味はごはんにもお酒にもぴったりです

しょうゆ　〈大さじ3〉

砂糖　〈大さじ1〉

みりん　〈大さじ4〉

酒　〈1カップ〉

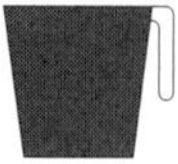

水　〈1/2カップ〉

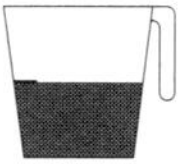

作り方　すべての材料を混ぜ合わせる。

●活用レシピ

［豚の角煮］

豚ばらかたまり肉600gは3cm幅に切り、フライパンで表面を焼きつける。鍋に豚肉、たっぷりの湯、ぶつ切りにした長ねぎ、しょうがを加えて約1時間半ゆでる。ゆで汁に入れたままひと晩おき、肉を取り出して脂を洗い落とす。別の鍋に豚肉とたれを入れて40分煮る。

［手羽先のしょうゆ煮］

鍋にたれを入れて火にかけ、煮立ったら鶏手羽先8本を入れ、落とし蓋をして中火で20～30分煮る。

和食

筑前煮のたれ

——冷めてもおいしいので、常備菜におすすめです

しょうゆ〈大さじ1〉

酒〈大さじ2〉

みりん〈大さじ1〉

砂糖 〈大さじ1/2〉

塩 〈小さじ1/4〉

だし汁 〈1カップ〉

作り方

すべての材料を混ぜ合わせる。

活用レシピ

［筑前煮］

鶏もも肉1枚はひと口大に切る。にんじん1本、れんこん1節はひと口大の乱切りにする。

鶏肉、にんじん、れんこんをごま油で炒め、たれを加えて汁気がなくなるまで煮る。

和食

炊き合わせのたれ

——煮込むほどに素材のうまみを引き出します

しょうゆ〈小さじ1〉

酒〈大さじ2〉

みりん〈大さじ2〉

砂糖〈大さじ1〉

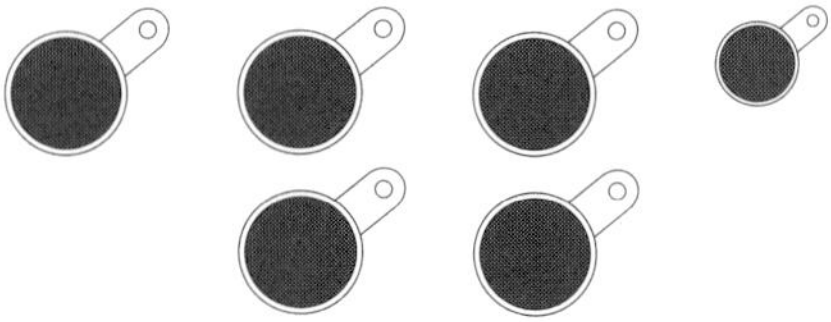

塩　〈小さじ1/2〉

だし汁　〈2カップ〉

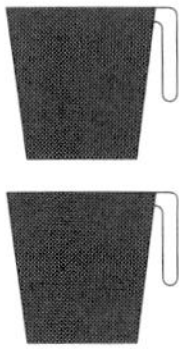

作り方　すべての材料を混ぜ合わせる。

●活用レシピ

［炊き合わせ］

皮をむいたさといも2コ、1㎝幅に切ったにんじん2枚は下ゆでする。たれを煮立て、ひと口大に切った鶏もも肉1／2枚、さといも、にんじんを加えて7〜8分煮る。しめじ、きぬさやを加えてひと煮する。

［高野豆腐とえびの煮物］

たれを煮立て、背わたを取ったむきえびを加えて火を通して取り出す。ひと口大に切った高野豆腐を加えて10〜12分煮て、えびを戻し入れる。

和食

含め煮のたれ

――だしのきいた甘めのたれは根菜類と好相性

しょうゆ 〈小さじ1〉

酒 〈大さじ1〉

みりん 〈大さじ1〉

塩　〈小さじ1/4〉

だし汁　〈1 1/2カップ〉

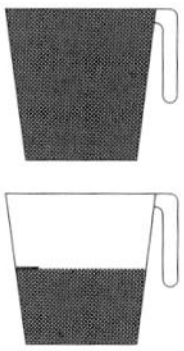

作り方

すべての材料を混ぜ合わせる。

活用レシピ

[かぼちゃの含め煮]

かぼちゃ1/4コは種とわたを取り除いてひと口大に切る。鍋にたれとかぼちゃを入れる。落とし蓋をして、中火でかぼちゃがやわらかくなるまで煮る。

[さつまいものレモン煮]

さつまいも1本は2cm幅に切る。鍋にたれ、さつまいも、レモンの輪切り2枚を入れ、落とし蓋をして中火にかける。さつまいもがやわらかくなったらレモン汁大さじ1を加えて混ぜる。

和食

煮びたしのたれ

——青菜や淡白な食材によく合うあっさり味です

しょうゆ　〈小さじ1/2〉

みりん　〈大さじ1〉

塩　〈小さじ1/3〉

だし汁　〈1カップ〉

作り方　すべての材料を混ぜ合わせる。

◎活用レシピ

［小松菜の煮びたし］

小松菜1／2束は4～5㎝幅に切る。鍋にたれを入れて火にかけ、煮立ったところに小松菜を加える。混ぜながらしんなりするまで1～2分煮る。

［きのこのさっと煮］

しめじ1パックは石づきを取ってほぐし、しいたけ4枚は石づきを取って5㎜幅に切る。たれを煮立て、しめじ、しいたけを加える。混ぜながらくったりするまで2～3分煮る。

［さけのソテーねぎあんかけ］

さけ（またはさわら）2切れに塩こしょうし、サラダ油やバターでソテーして火を通す。鍋にたれを入れて煮立て、小口切りにした長ねぎ1本を加え、しんなりしたら水溶き片栗粉でとろみをつけ、もりつけたさけにかける。

中華

中華風しょうゆ煮込みのたれ

――八角の風味がきいた本格的な味わいです

しょうゆ〈大さじ3〉

酒〈大さじ3〉

砂糖〈大さじ1/2〉

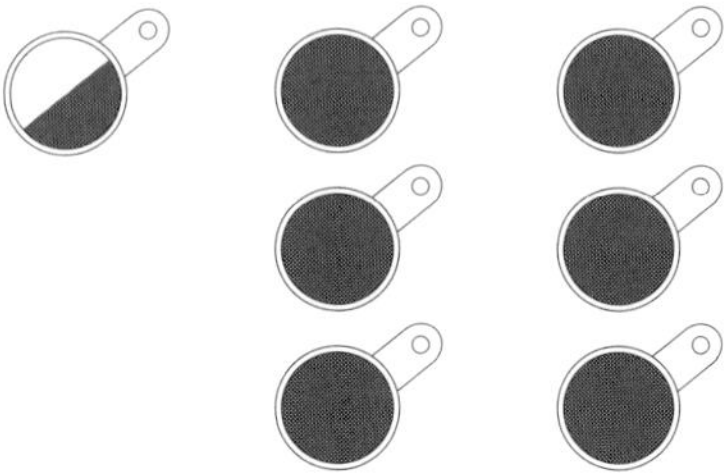

八角 〈1かけ〉

ブイヨン 〈2カップ〉

作り方 すべての材料を混ぜ合わせる。

活用レシピ

［じゃがいもと豚肉の煮物］

じゃがいも2コは皮をむいてひと口大に切る。ごま油でじゃがいも、豚角切り肉200gを炒め、豚肉の表面に焼き色がついたらたれを加える。アクを取りながら20～30分、豚肉がやわらかくなるまで煮る。

［小あじの中華煮］

小あじ6尾はえら、内臓を取り除き、素揚げする。鍋にあじ、たれの1/2量を加え、落とし蓋をして煮汁がなくなるまで煮る。

中華

中華風みそ煮込みのたれ

——こってり照りよく仕上がります

甜麺醤《てんめんじゃん》〈大さじ2〉

酒〈大さじ3〉

オイスターソース〈小さじ2〉

しょうゆ〈小さじ1〉

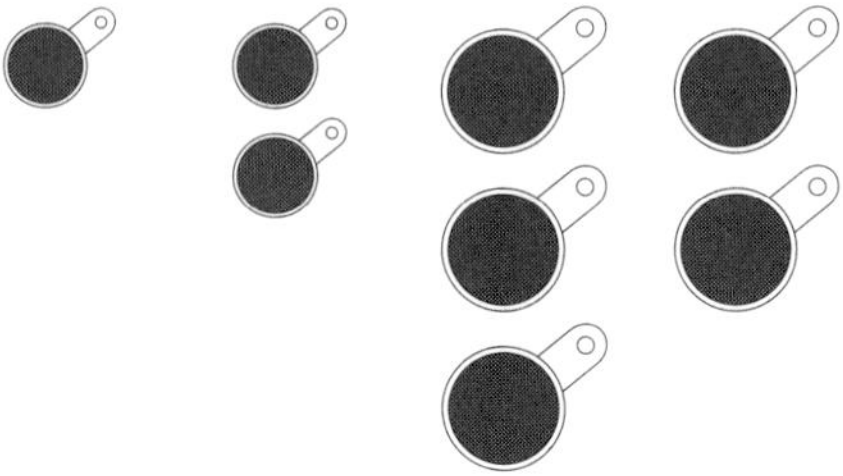

砂糖 〈大さじ1〉

にんにくのみじん切り 〈小さじ1〉

ブイヨン 〈1 1/2カップ〉

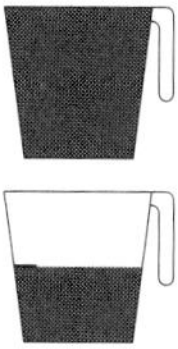

作り方

すべての材料を混ぜ合わせる。

活用レシピ

[鶏肉のみそ煮]

鶏手羽元8本はごま油でこんがり焼く。たれを加え、中火で30〜40分煮る。

[厚揚げのみそ煮]

豚ひき肉100g、長ねぎのみじん切り10cm分をごま油で炒める。ひき肉がぽろぽろになったらたれを加え、油抜きしてひと口大に切った厚揚げを加えて7〜8分煮る。水溶き片栗粉でとろみをつける。

中華

オイスターソース煮込みのたれ

——本格的なコクのある煮物が味わえます

オイスターソース〈大さじ2〉
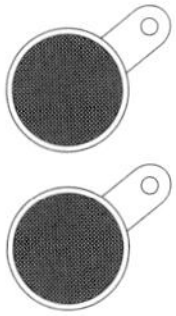

しょうゆ〈大さじ1〉

酒〈大さじ3〉

こしょう　〈少々〉

唐辛子　〈1本〉

ブイヨン　〈2カップ〉

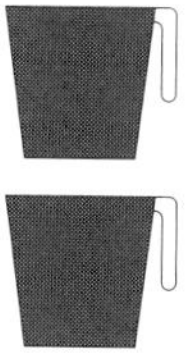

作り方

すべての材料を混ぜ合わせる。

活用レシピ

［手羽先のオイスターソース煮込み］

鶏手羽先8本をごま油で軽く焼きつけ、たれを加えて汁気がなくなるまで煮る。

料理がおいしくなる だし汁の話

市販の顆粒だしを使ってもいいですが、自分でだし汁をとれば味も格別です。冷蔵庫で2～3日、保存できます。みそ汁を作るときにも活用できるので、多めに作っておきましょう。

【だし汁のとり方】

①鍋に水2カップ、昆布5cm角1枚を入れ、弱火にかける。
②沸騰直前に昆布を取り出す。
③強火にし、沸騰したらかつお削り節をひとつかみ（8g）加えて火を止める。
④かつお削り節が鍋底にすっかり沈むまでおく。
⑤だしをザルでこす。

炒め物のたれ

お好みの材料を炒めたら、
あとは手早くたれをからめるだけ！

和食

みそ炒めのたれ

——赤みそを使った上品な味わいが特徴です

赤みそ〈大さじ3〉

しょうゆ〈小さじ1/2〉

みりん〈大さじ1〉

砂糖　〈大さじ4〉

作り方　すべての材料を混ぜ合わせる。

活用レシピ

［豚肉とれんこんのみそ炒め］

豚こま切れ肉200gをごま油で炒める。こんがりしたら乱切りにしたれんこん1節、たれを加えて炒め合わせ、全体がなじんだら完成。

［なべしぎ］

なす4本は皮を縞目にむいて乱切りにする。ごま油大さじ2でなすをこんがりするまで炒め、だし汁3/4カップでのばしたたれを加える。混ぜながら汁気がなくなるまで炒め煮する。

［豚肉のねぎみそ焼き］

たれ大さじ3に万能ねぎの小口切り大さじ2を混ぜ合わせる。とんかつ用の豚肉2枚に軽く塩こしょうし、グリルまたは焼き網で焼く。ほぼ火が通ったら、たれを表面に塗り、こんがりするまで焼く。

和食

辛子酢炒めのたれ

――さわやかな酸味とピリッとした辛さが絶妙です

しょうゆ〈大さじ2〉

砂糖〈小さじ2〉

酢〈大さじ4〉

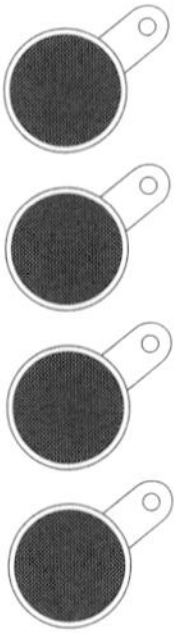

練り辛子　〈大さじ1/2〉

作り方　すべての材料を混ぜ合わせる。

活用レシピ

［ほたて貝柱の辛子酢炒め］
ほたて貝柱12コは薄力粉をはたきつけ、ピーマン1コは乱切りにする。サラダ油大さじ1でほたてを炒め、こんがりしたらピーマンを加えて炒め、たれを全体にからめる。

［チキンソテー辛子酢がけ］
鶏もも肉1枚は大きめのひと口大に切り、塩、こしょう、おろしにんにく各少々をもみ込み、薄力粉をはたきつける。サラダ油でこんがり焼いてたれを加え、全体にからめる。

［焼き豚と焼きねぎの辛子酢和え］
焼き豚3～4枚は細切りにする。長ねぎ1本は焼き網で軽く色づく程度に焼き、半分に切って5㎜幅の斜め切りにする。焼き豚とねぎを合わせ、たれ大さじ2で和える。

和食

蒲焼きのたれ

——ごはんによく合うおなじみの甘辛いたれです

しょうゆ〈大さじ2〉

砂糖〈大さじ1〉

酒〈大さじ1〉

みりん　〈小さじ1〉

作り方　すべての材料を混ぜ合わせる。

●活用レシピ

[いわしの蒲焼き]
いわしはうろこ、頭、内臓を取り除き、手開きにして中骨を取り、腹骨を包丁でそぎ取る。フライパンにサラダ油を熱し、いわしを入れて両面を焼き、火が通ったらたれを加えて全体にからめる。

[鶏肉のきじ焼き]
鶏もも肉1枚は両面をフォークで刺してたれに漬け込み、20～30分おく。汁気をきって、サラダ油でこんがりと両面を焼く。

[牛肉とにらの炒め物]
牛こま切れ肉200gをサラダ油で炒め、色が変わったら3㎝長さに切ったにら1束を加えて炒め合わせる。たれを加え、汁気を飛ばすようにさらに炒める。

和食

塩麹炒めのたれ

——麹《こうじ》のうまみとまろやかな塩気が、素材の味を引き立てます

塩麹〈大さじ1〉

水〈大さじ1〉

みりん〈大さじ1/2〉

しょうが汁〈小さじ1〉

作り方

すべての材料を混ぜ合わせる。

活用レシピ

[豚肉と青菜の塩麹炒め]

小松菜1/2束はひと口大に切る。フライパンにサラダ油を熱し、豚こま切れ肉100gを炒める。肉に火が通ったら小松菜を加えてさっと炒め、たれを加えて炒め合わせる。鶏肉、牛肉、にら、キャベツ、きのこでも。

和食

ゴーヤーチャンプルーのたれ

――おなじみの沖縄家庭料理が、あっという間に完成！

塩　〈小さじ1/3〉

酒　〈大さじ2〉

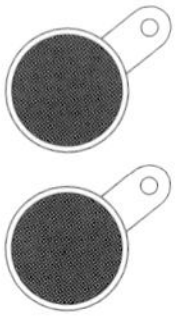

砂糖　〈小さじ1/2〉

ごま油　〈小さじ1〉

卵　〈1コ〉

作り方

卵は溶きほぐし、すべての材料を混ぜ合わせる。

●活用レシピ

［ゴーヤーチャンプルー］

豚ばら肉100gはひと口大に切る。ゴーヤー1/2本は薄切りにする。フライパンにサラダ油を熱し、豚肉とゴーヤーを炒める。豆腐1/2丁をくずし入れ、こんがりと炒める。たれを加えて炒め合わせる。

和食

卵焼きのたれ

——炒め物ではなく、焼き物ですが…甘い卵焼きのたれです

塩 〈小さじ1/4〉

しょうゆ 〈小さじ1/2〉

砂糖 〈大さじ2〉

みりん　〈大さじ1〉

作り方

すべての材料を混ぜ合わせる。

活用レシピ

［卵焼き］

卵4コを溶きほぐし、たれを加える。卵焼き器を強火で熱し、油を薄くひいて卵液を適量流し入れる。焼けた卵を奥から手前に手早く巻いていき、巻き終わったら奥に寄せる。卵液がなくなるまで、同様に焼いていく。

中華

チンジャオロースーのたれ

——オイスターソースの濃厚な味わいはお弁当にもぴったり

オイスターソース〈大さじ1〉

しょうゆ〈小さじ1〉

酒〈大さじ1〉

こしょう　〈少々〉

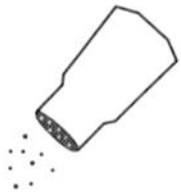

おろしにんにく　〈小さじ1/4〉

作り方　すべての材料を混ぜ合わせる。

●活用レシピ

［チンジャオロースー］

焼肉用の牛肉150gは細切りにし、塩こしょうして片栗粉をまぶす。ピーマン4コは細切り、長ねぎ1／2本は斜め薄切りにする。ごま油で牛肉を炒め、火が通ったらピーマン、ねぎを加えて炒め、たれを加えて混ぜ合わせる。

［いかとセロリの和え物］

いかの胴体を5㎜幅の輪切りにしてゆでる。水気をきって熱いうちにたれをからめる。筋を取って斜め薄切りにしたセロリ1本を加えて混ぜる。

中華

ホイコーローのたれ

——辛みのきいたこっくりみそ味でごはんがすすみます

甜麺醤《てんめんじゃん》〈大さじ4〉

しょうゆ〈大さじ1〉

酒〈大さじ1〉

豆板醤 〈小さじ1〉

オイスターソース 〈小さじ1/2〉

作り方 すべての材料を混ぜ合わせる。

活用レシピ

［ホイコーロー］

しょうが、にんにく各1かけは薄切りにしてごま油で炒め、香りが立ったらひと口大に切った豚ばら薄切り肉200gを加える。豚肉がこんがりしたらひと口大に切ったきゃべつ3枚分とたれを加えて炒め合わせる。

［鶏肉とねぎのみそ炒め］

鶏もも肉1枚はひと口大のそぎ切り、長ねぎ1本は2cm幅に切ってサラダ油で炒め、鶏肉がこんがりしたらたれを加えて炒め合わせる。

中華

麻婆豆腐のたれ

——辛くて深い味わいは、やみつきになるおいしさ

長ねぎのみじん切り〈大さじ3〉

にんにくのみじん切り〈小さじ1〉

しょうがのみじん切り〈小さじ1〉

A

赤みそ〈大さじ2〉
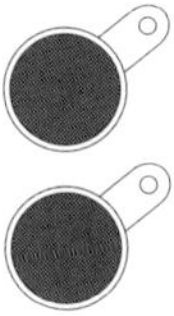

しょうゆ〈大さじ1/2〉

みりん〈大さじ1〉

砂糖〈小さじ1/2〉

サラダ油〈大さじ1〉

豆板醤〈小さじ1〉

オイスターソース〈小さじ1〉

作り方

長ねぎ、にんにく、しょうがをサラダ油で炒める。Aを合わせて加え入れ、ひと煮立ちさせる。

活用レシピ

［麻婆豆腐］

豚ひき肉50ｇをサラダ油大さじ1／2で炒め、ぽろぽろになったらたれを加え、全体がなじむまでさらに炒める。湯3／4カップを加え、煮立ったら豆腐1丁を加えてヘラなどでひと口大に切る。5～6分煮たら水溶き片栗粉をまわし入れ、とろみをつける。

［ぶりの麻婆煮］

ぶり2切れを両面がこんがりするまでサラダ油で焼き、たれ、湯1／2カップを加える。煮立ったら約10分煮る。

中華

えびチリのたれ

――ケチャップの甘みと豆板醤のピリ辛がベストバランス

長ねぎのみじん切り　〈小さじ2〉

にんにくのみじん切り　〈小さじ1〉

しょうがのみじん切り　〈小さじ1〉

A

しょうゆ　〈大さじ2〉

酒　〈大さじ1〉

砂糖　〈大さじ1〉

ケチャップ　〈大さじ2〉

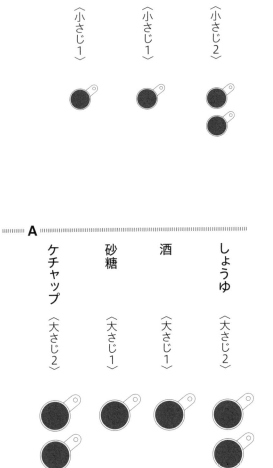

サラダ油 〈大さじ1〉

豆板醤 〈小さじ1〉

オイスターソース 〈小さじ1〉

作り方 長ねぎ、にんにく、しょうがをサラダ油で炒める。Aを加えて混ぜ合わせ、煮立てる。

活用レシピ

[えびチリ]

えび16尾は足を取り、殻ごと背開きにして背わたを取る。サラダ油大さじ1でえびを炒め、色が変わったらたれを加えて強火にし、汁気がなくなるまで炒める。

[豚肉ときゅうりの炒め物]

豚こま切れ肉１００gをサラダ油で炒める。火が通ったら斜め切りにしたきゅうり1本を加えてさっと炒め、たれを加える。汁気がなくなるまでよく炒める。

中華

えびマヨ炒めのたれ

——クリーミーでリッチな味に仕上がります

マヨネーズ〈大さじ3〉

砂糖〈小さじ1〉

豆板醤〈小さじ1〉

オイスターソース〈小さじ1/2〉 

おろしにんにく〈小さじ1/4〉 

作り方 すべての材料を混ぜ合わせる。

● 活用レシピ

[えびマヨ]

えび12尾は足を取り、殻ごと背開きにして背わたを取る。塩、酒各少々をもみ込み、片栗粉大さじ1をまぶす。サラダ油大さじ1でえびを炒め、火が通ったらたれを加えて炒め合わせる。

[さけのマヨネーズ焼き]

さけ2切れに塩こしょうし、薄力粉をはたきつける。サラダ油でさけをソテーし、ほぼ火が通ったら表面にたれを塗り、フタをして弱火で2分、蒸し焼きにする。

中華

酢豚のたれ

——甘酸っぱいケチャップ味は大人から子どもまで大人気

しょうゆ　〈大さじ3〉

酢　〈大さじ3〉

砂糖　〈大さじ3〉

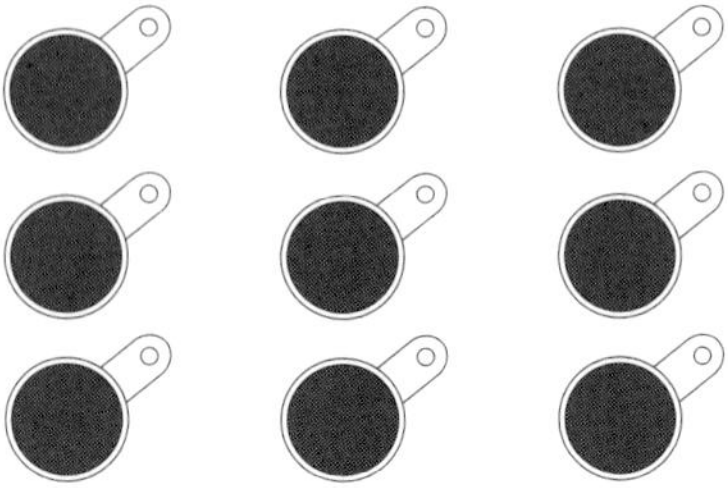

ケチャップ　〈大さじ1〉

水　〈1カップ〉

片栗粉　〈大さじ1 1/3〉

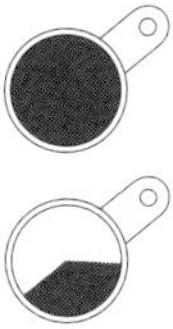

作り方

すべての材料を混ぜ合わせる。

○活用レシピ

［酢豚］

豚角切り肉200gに塩、酒、しょうが汁をもみ込み片栗粉をまぶす。サラダ油でにんにくを炒め、香りが立ったら豚肉を炒め、くし形切りにした玉ねぎ、乱切りにして下ゆでしたにんじん、乱切りにしたピーマンを加え、たれを加えて混ぜながら煮立てる。

中華

青菜炒めのたれ

——野菜炒めの万能だれは、オイスターソースが隠し味

塩　〈小さじ1/3〉 

オイスターソース　〈小さじ1/2〉 

砂糖　〈小さじ1〉 

湯　〈大さじ3 1/3〉

輪切り唐辛子　〈小さじ1〉

作り方

すべての材料を混ぜ合わせる。

活用レシピ

[青菜炒め]

青梗菜2株は4cm長さに切り、根元は縦半分に切ってさらに縦に5mm幅に切る。サラダ油大さじ1をよく熱し、根元を炒めたら葉とたれを加えてフタをし、2分蒸し焼きにする。フタを取って強火にして水分を飛ばす。

[トマトの塩和え]

トマト2コはざく切りに、にんにく1かけはみじん切りにしてボウルに入れる。たれを煮立て、トマトにかけて手早く和える。

エスニック

エスニック炒めのオイスターだれ

――ピリッとクセのある味は、あとをひくおいしさです

ナンプラー〈大さじ1〉

砂糖〈大さじ1/2〉

オイスターソース〈小さじ1〉

水〈大さじ2〉

にんにくのみじん切り　〈小さじ1〉

刻み唐辛子　〈小さじ1〉

作り方　すべての材料を混ぜ合わせる。

● 活用レシピ

[鶏肉のバジル炒め]

そぎ切りにした鶏むね肉と玉ねぎの細切りを炒め、鶏肉に火が通ったらしめじを加えて炒め合わせる。たれとバジル4～5枚を加えてさっと炒める。

[ひき肉とレタスの炒め物]

豚ひき肉50gをサラダ油で炒め、肉がぽろぽろになったら、ひと口大に切ったレタス1/4コを加えてさっと炒め合わせる。たれを加えて混ぜ合わせる。

エスニック

エスニック炒めのみそだれ

——暑さを吹き飛ばす力強い味です

オイスターソース〈大さじ2〉

みそ〈大さじ1/2〉

ナンプラー〈大さじ1〉

砂糖　〈小さじ1〉

にんにくのみじん切り　〈小さじ1〉

刻み唐辛子　〈小さじ1〉

作り方

すべての材料を混ぜ合わせる。

活用レシピ

[空心菜炒め]

空心菜1束は葉と茎に分け、茎は斜め切りにする。サラダ油を熱して茎、葉の順に炒め、たれを加えて炒め合わせる。

エスニック

鶏肉のバジル炒めのたれ

——タイ料理の人気メニューがレパートリーに加わります

ナンプラー〈大さじ1〉

砂糖〈大さじ1/2〉

しょうゆ〈小さじ1〉

にんにくのみじん切り　〈小さじ1〉

バジルの葉（ちぎる）　〈8枚〉

作り方

すべての材料を混ぜ合わせる。

活用レシピ

［鶏肉のバジル炒めごはん］

ひと口大に切った鶏肉、玉ねぎ、さやいんげんを炒める。鶏肉に火が通ったら、たれを加えて炒め合わせる。皿に盛りつけたごはんにかける。サニーレタス、トマト、きゅうりを添える。

料理がおいしくなる話

さしすせその

「さしすせそ」とは、基本の調味料のことを指します。「さ」は砂糖、「し」は塩、「す」は酢、「せ」はしょうゆ、「そ」はみそで、昔からこの順番で味つけするといいといわれてきました。これらの調味料にはさまざまな種類があるので、たれによって使い分けたり、自分の好みにあった一品を探しておくといいでしょう。

◎砂糖……上白糖はクセがなくどんな料理にもよく合う。三温糖や和三盆などの粗製糖はコクが出る。

◎塩……精製塩よりも、自然塩のほうがミネラル豊富でうまみがある。

◎酢……米酢、穀物酢、黒酢、りんご酢などがある。どんな料理にも使えるのが米酢と穀物酢。黒酢はコクがあり、りんご酢はさわやかな香りとすっきりした味わいが特徴。

◎しょうゆ…一般的に広く使われている濃口しょうゆ、薄い色が特徴の薄口しょうゆ、濃厚な味わいのたまりじょうゆなどがある。本書では濃口しょうゆを使用。

◎みそ……豆、麦、米などから作られ、甘口、辛口がある。色は白、赤、淡色に分けられる。

◎みりん……米と米麹に焼酎を加え、発酵させて作る甘みのある調味料。「みりん風調味料」ではなく、本醸造の「みりん」を使いたい。

漬け込みだれ

食欲を刺激する味つけで、素材のおいしさを引き出します。

和食

しょうが焼きのたれ

――しょうがの香りが食欲をそそります

しょうゆ〈大さじ2〉

酒〈大さじ1〉

みりん〈大さじ1〉

おろししょうが

〈大さじ1〉

作り方

すべての材料を混ぜ合わせる。

●活用レシピ

［豚肉のしょうが焼き］

しょうが焼き用の豚肉6枚は筋切りしてたれに漬け込み15分おく。フライパンにサラダ油を熱し、豚肉の汁気をきって広げて焼く。こんがりしたら残った漬けだれを加えて全体にからめる。

［えのきだけの佃煮風］

えのきだけ2袋は根元を切り落とし、3㎝幅に切ってほぐして鍋に入れる。1／2量のたれを加えてフタをし、中火にかける。えのきだけがくったりしたらフタを取り、混ぜながら汁気がなくなるまで煮る。

［まぐろの和え物］

まぐろの赤身（サク・刺身用）150gはそぎ切りにしてたれで和える。玉ねぎの薄切り、ちぎった青じそ、万能ねぎの小口切りを加えて混ぜる。

和食

照り焼きのたれ

——つやつやと照りよくおいしそうに仕上がります

しょうゆ〈大さじ2〉

酒〈大さじ1〉

みりん〈大さじ1〉

作り方

すべての材料を混ぜ合わせる。

活用レシピ

[ぶりの照り焼き]

ぶり2切れをたれに漬け込み、30～40分おく。汁気をよく拭き取り、グリルまたは焼き網で火が通るまで両面を焼く。

[さけの鍋照り焼き]

生ざけ2切れをたれに漬け込み、30～40分おく。フライパンにサラダ油を熱し、汁気を拭き取ったさけを入れ、火が通るまで両面を焼く。

[豚肉と玉ねぎの炒め物]

玉ねぎ1/3コ、にんじん1/4本は細切りにする。フライパンにサラダ油を熱し、豚こま切れ肉200gを炒める。火が通ったら玉ねぎ、にんじんを加えて炒め、しんなりしたらたれをまわし入れる。汁気を飛ばすようにして炒める。

[さんまのしょうゆ煮]

鍋にたれ、水1カップを加えて火にかけ、煮立ったらぶつ切りにしたさんま2尾を入れる。ときどき鍋をゆすってたれが全体にからむように混ぜ、ほとんど汁気がなくなるまで煮る。

和食

鶏のから揚げのたれ

――粉さんしょうをきかせた大人の味です

しょうゆ〈小さじ1〉

酒〈大さじ1〉

みりん〈大さじ1〉

塩〈小さじ1/2〉

粉さんしょう〈小さじ1/4〉

卵黄〈1コ〉

作り方

すべての材料を混ぜ合わせる。

活用レシピ

［鶏のから揚げ］

鶏もも肉2枚は大きめのひと口大に切り、たれをもみ込んで30分おく。汁気をきり、片栗粉をまぶして揚げる。

和食

ジンギスカンのたれ

――おいしいだけでなく、肉がやわらかくなる効果も

しょうゆ〈大さじ2〉

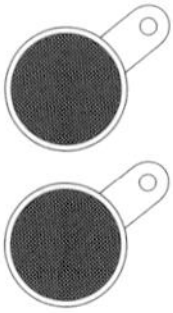

りんごのすりおろし〈大さじ2〉

トマトピューレ〈小さじ1〉

酢　〈小さじ1〉

おろしにんにく　〈小さじ1/2〉

こしょう　〈少々〉

作り方　すべての材料を混ぜ合わせる。

活用レシピ

［ジンギスカン］

ラム薄切り肉200gをたれに漬け込み、40分おく。フライパンにサラダ油を熱し、ラム肉を焼きつける。

和食

南蛮漬けのたれ

――いつもの揚げ物も、このたれに漬ければまた格別です

酢〈1/2カップ〉

塩〈小さじ1〉

砂糖〈大さじ1〉

しょうゆ〈小さじ1〉
輪切り唐辛子〈小さじ1〉

作り方

すべての材料を混ぜ合わせる。

活用レシピ

［小あじの南蛮漬け］

小あじ12尾はえら、ぜいご、内臓を取り除き、水洗いして水気をよく拭き取る。170〜180度の油でこんがりするまでしっかり揚げ、油をよくきって熱いうちにたれに漬ける。

［鶏肉の炒め漬け］

鶏もも肉はひと口大のそぎ切りにし、玉ねぎ1/2コは1cm幅のくし形切りにする。ごま油で鶏肉を炒め、こんがりしたら玉ねぎを加えてさっと炒め、たれに漬ける。

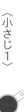

和食

みそ漬けのみそ床

——肉、魚、野菜、どんな素材でもおいしく漬かります

みそ　〈大さじ3〉

砂糖　〈大さじ2〉

酒　〈大さじ1〉

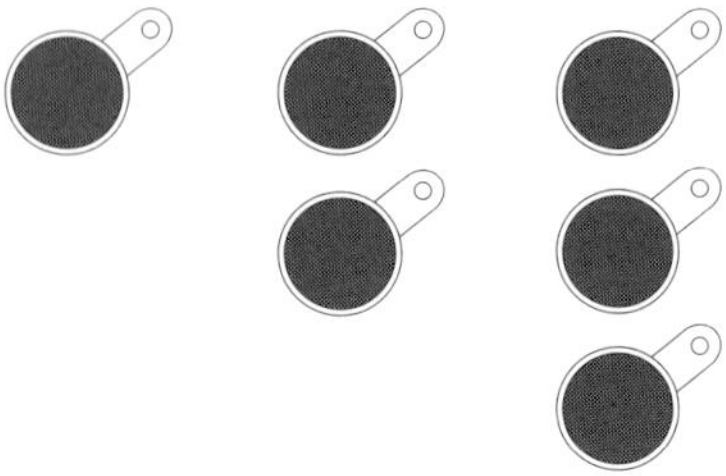

しょうが汁〈小さじ1〉

作り方　すべての材料を混ぜ合わせる。

活用レシピ

［さわらのみそ漬け］

さわらの切り身（またはさけなど）2切れをたれに漬け込み、ひと晩おく。まわりのみそをぬぐい落とし、グリルまたは焼き網で両面を焼いて中まで火を通す。

［豚肉のみそ漬け］

とんかつ用の豚肉2枚は筋切りし、包丁の背などで軽くたたいてたれに漬け込み、ひと晩おく。まわりのみそをぬぐい落とし、グリルまたは焼き網で両面を焼いて中まで火を通す。

［ごぼうのみそ漬け］

ごぼう1本は10㎝長さに切り、約10分ゆでる。湯をきり、すりこ木などでたたいて割れ目を入れ、たれに漬け込みひと晩おく。まわりのみそを落とし、食べやすい大きさに切る。

和食

づけ丼のたれ

——まぐろ、かつお、ぶり、白身魚…どんな刺身にも使えます

しょうゆ〈大さじ2〉

みりん〈大さじ2〉

酒〈大さじ1〉

しょうがの薄切り〈2枚〉

オリーブ油〈小さじ1〉

すりごま（白）〈大さじ1〉

作り方

しょうゆ、みりん、酒、しょうがの薄切りを鍋に合わせて火にかけ、ひと煮立ちさせる。冷めたらしょうがを取り除き、オリーブ油とすりごまを加える。

● 活用レシピ

［まぐろのづけ丼］

まぐろの赤身（サク・刺身用）150〜200gをたれに漬け込み、2〜3時間おく。汁気をきり、食べやすい大きさにそぎ切りにする。ごはんの上にまぐろを盛りつけ、万能ねぎの小口切りを散らす。

和食

浅漬けのたれ

――サラダ感覚で食べられる、あっさりした味つけです

塩〈小さじ1/2〉

昆布茶〈大さじ1〉

酒〈大さじ1〉

みりん 〈大さじ1〉

水 〈1/2カップ〉

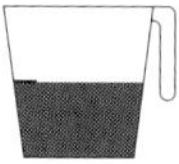

作り方 すべての材料を混ぜ合わせる。

●活用レシピ

[きゅうりのしそ漬け]

きゅうり2本は皮を縞目にむいて7～8㎜幅の斜め切りに、青じそは適当にちぎる。きゅうりとしそを合わせてたれに漬け込み、軽くもんで20～30分おく。しんなりしたら軽く水気をしぼる。乱切りにしたセロリと縦4つ割りにしたみょうがでも同様に作れる。

[菜の花漬け]

菜の花は根元を落として色よくゆで、冷水にとって水気をしぼる。たれに漬け込み2時間おく。

和食

ハリハリ漬けのたれ

——歯ごたえが楽しい昔ながらの漬け物が作れます

だし汁〈1カップ〉

しょうゆ〈大さじ2〉

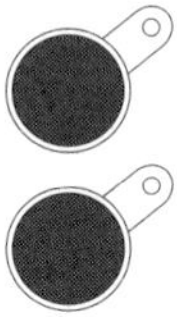

砂糖〈大さじ4〉

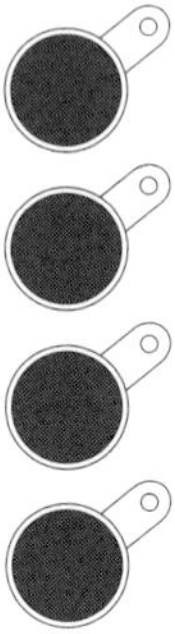

塩　〈小さじ1 1/2〉

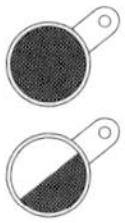

唐辛子　〈2本〉

酢　〈1/2カップ〉

作り方

だし汁、しょうゆ、砂糖、塩、唐辛子を合わせ、1分煮立てて冷まし、酢を加える。

活用レシピ

［割り干し大根のハリハリ漬け］

割り干し大根はさっとゆで、冷水にとってもみ洗いし、水気をしぼる。3㎝長さに切って、たれに漬けて2～3時間おく。

バーベキューソース

――トマト味がベースの肉料理に欠かせないソースです

しょうゆ〈1/2カップ〉

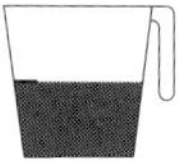

トマトピューレ〈1/3カップ〉

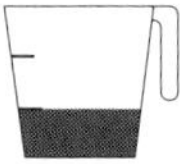

赤ワイン〈1/3カップ〉

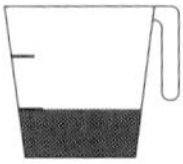

おろし玉ねぎ〈1/4カップ〉

おろしにんにく〈小さじ1〉

塩〈小さじ1/2〉

こしょう〈少々〉

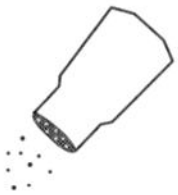

サラダ油〈大さじ2〉

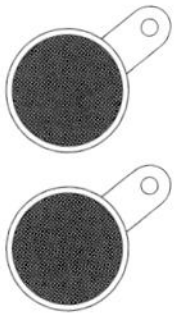

作り方

すべての材料を混ぜ合わせる。

●活用レシピ

［豚スペアリブのバーベキュー］

豚スペアリブ4~6本をソースに漬け込み、ひと晩おく。汁気を拭いて220度のオーブンで40~50分焼く。

洋食

ローストチキンのたれ

——いつもの鶏肉がごちそうに変わります

塩〈小さじ1/2〉

こしょう〈少々〉

おろしにんにく〈小さじ1/2〉

玉ねぎのみじん切り〈大さじ1〉

セロリのみじん切り〈大さじ1〉

オリーブ油〈大さじ1〉

ローリエ〈1/2枚〉

オレガノ（ドライ）〈小さじ1/2〉

タイム（ドライ）〈小さじ1/2〉

作り方　すべての材料を混ぜ合わせる。

活用レシピ

［ローストチキン］
鶏もも骨つき肉2本にたれをよくもみ込み、ひと晩おく。220度に熱したオーブンで40分焼く。豚スペアリブ、豚肉や牛肉のかたまり肉でも。

洋食

マリネ液

——肉や魚を漬け込めば、しっとりやわらかに仕上がります

- 白ワイン〈大さじ2〉
- 酢〈小さじ1〉
- 塩〈小さじ1/2〉
- にんにくのみじん切り〈小さじ1〉
- タイム〈1枝〉

粗びきこしょう 〈小さじ1/4〉

サラダ油 〈大さじ2〉

玉ねぎのみじん切り 〈大さじ2〉

作り方

すべての材料を混ぜ合わせる。

活用レシピ

［サーモンマリネのソテー］

生ざけ2切れをたれに漬け込み、ひと晩おく。汁気を拭いて、サラダ油を熱したフライパンで火が通るまで焼く。

洋食

野菜ピクルスのたれ

——あまった野菜が活用できて、覚えておくと便利です

水〈2 1/2カップ〉

砂糖〈大さじ3〉

塩〈大さじ1/2〉

粒こしょう〈小さじ1〉

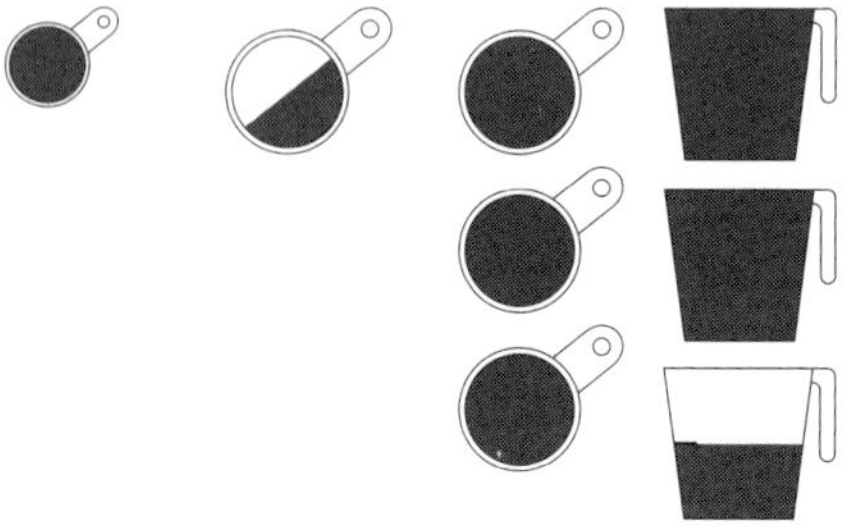

唐辛子　〈1本〉

ローリエ　〈1枚〉

酢　〈1カップ〉

作り方

水、砂糖、塩、粒こしょう、唐辛子、ローリエを合わせ、ひと煮立ちさせて冷まし、酢を加える。

●活用レシピ

［ミックス野菜のピクルス］

きゅうり、大根、にんじんは細めの乱切りにし、軽く塩をふって20～30分おき、水で洗って水気をしぼる。れんこん、ごぼう、カリフラワーは1～2分ゆでて湯をきる。野菜をたれに漬ける。食べやすい大きさに切って塩でもんだセロリやかぶ、全体を竹串でつついたミニトマトでも同様に作れる。1回に漬ける野菜の総量は300～400g。

中華

中華風即席漬けのたれ

――ピリ辛酸っぱい、ごはんがすすむ漬け物です

しょうゆ〈大さじ3〉

酢〈小さじ2〉

砂糖〈小さじ1〉

豆板醤　〈小さじ1/2〉

作り方　すべての材料を混ぜ合わせる。

活用レシピ

［たたききゅうりの即席漬け］
きゅうり2本は皮を縞目にむき、すりこ木などでたたいて割れ目を入れて手で割りほぐす。たれで和え、しばらくおいて味をなじませる。

［青梗菜とゆで豚の和え物］
青梗菜1株は根元を落として葉をはがし、色よくゆでて冷水にとり、水気をよくしぼって食べやすい大きさに切る。豚もも薄切り肉100gはゆでてひと口大に切る。青梗菜と豚肉を合わせ、たれで和える。

［なすの酢炒め］
ごま油大さじ1を熱し、にんにくと長ねぎのみじん切りを炒め、香りが立ったら乱切りにしたなす4本を炒める。なすがこんがりしたらたれをまわし入れ、汁気がなくなるまで炒め合わせる。

エスニック

プルコギのたれ

——韓国の焼肉の味が、家庭で気軽に楽しめます

しょうゆ〈大さじ3〉

砂糖〈大さじ2〉

酒〈大さじ1〉

こしょう〈少々〉

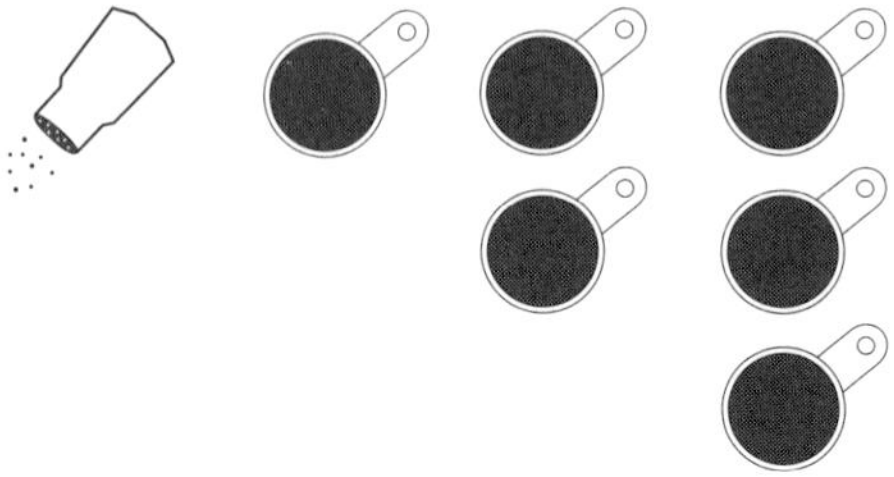

ごま油〈大さじ1〉

しょうが汁〈大さじ1/2〉

おろしにんにく〈小さじ1/2〉

粉唐辛子〈小さじ1〉

作り方

すべての材料を混ぜ合わせる。

●活用レシピ

［プルコギ］

ロース、カルビなど好みの牛肉400gにたれをもみ込む。グリルやフライパンで焼く。

エスニック

タンドリーチキンのたれ

——スパイシーでジューシー、本格インド料理が味わえます

プレーンヨーグルト〈1/2カップ〉

トマトピューレ〈大さじ2〉

カレー粉〈大さじ2〉

しょうゆ〈大さじ2〉

ガラムマサラ　〈小さじ1/2〉

おろしにんにく　〈小さじ1/4〉

こしょう　〈少々〉

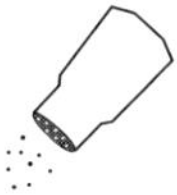

作り方

すべての材料を混ぜ合わせる。

活用レシピ

［タンドリーチキン］

骨つき鶏もも肉2本は、食べやすいように骨に沿って包丁で切り込みを入れ、皮目全体をフォークで突き刺す。塩を軽くふってよくもみ込み、たれに漬け込んでひと晩おく。まわりのたれを落とし、220度のオーブンで30〜40分こんがりと焼く。ラムチョップ4本でもおいしく作れる。

エスニック

サテーのたれ

――東南アジアの焼き鳥の味を、カレー粉で再現しました

ココナッツミルク〈大さじ3〉

砂糖〈大さじ1〉

カレー粉〈小さじ2〉

塩 〈小さじ1/4〉

こしょう 〈少々〉

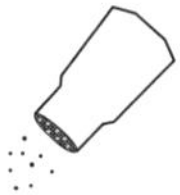

サラダ油 〈大さじ1〉

作り方 すべての材料を混ぜ合わせる。

活用レシピ

［サテー］

鶏むね肉1枚をひと口大に切り、たれをもみ込みひと晩おく。串に刺してグリルやフライパンでこんがり焼く。

料理がおいしくなる ハーブとスパイスの話

この本の中で使われているハーブとスパイスを紹介します。

◎タイム…………すがすがしい香りが特徴で、防腐・殺菌効果がある。魚料理とよく合う。

◎オレガノ………シソ科特有の清涼感があり、臭みを消す作用が強い。トマト料理やチーズと相性がいい。

◎ローリエ………日本名は月桂樹。肉の臭みを消す。煮込み料理やスープなどに使用。

◎カレー粉………ウコン、コリアンダーなど20種類以上のスパイスがブレンドされた、辛みと香りの強いスパイス。

◎ガラムマサラ…クローブやカルダモンなど数種類のスパイスをブレンドしたミックススパイス。

◎ナツメグ………甘い芳香があり、ハンバーグなどの肉料理をはじめ、お菓子などにもよく使われる。

◎八角……………星型をした中国のスパイス。独特の甘い香りと苦みがあり、豚肉や鶏肉料理によく使われる。

◎粉さんしょう…ピリッとした辛さと清涼感が特徴。日本伝統のスパイス。

鍋物

寄せ鍋やおでんのほか、近頃人気の豆乳やトマトベースの鍋つゆも。

和食

寄せ鍋のつゆ

――どんな具材もおまかせの、しょうゆベースのつゆ

しょうゆ 〈大さじ1〉

塩 〈小さじ1/2〉

みりん 〈大さじ2〉

酒　〈1/4カップ〉

だし汁　〈4カップ〉

作り方　すべての材料を混ぜ合わせる。

活用レシピ

[寄せ鍋]

鶏もも肉1枚はひと口大のそぎ切り、魚（たら、たい、きんめだいなど）2切れはひと口大に切る。えび8尾は足と背わたを取る。大根、にんじんは5㎜幅の輪切りにし、長ねぎ、白菜、しいたけ、春菊などは食べやすい大きさに切る。土鍋につゆを入れ、大根、にんじんを加えて煮る。火が通ったら、ほかの具材を加えて煮えたところから食べる。豆腐やゆでてざく切りにした糸こんにゃくを加えてもいい。

塩ちゃんこのつゆ

――鶏がらのだしがきいたあっさり味です

塩 〈大さじ1/2〉

しょうゆ 〈大さじ1/2〉

みりん 〈大さじ1〉

酒　〈大さじ3〉

鶏がらスープ　〈4カップ〉

作り方

すべての材料を混ぜ合わせる。

活用レシピ

［塩ちゃんこ］

鶏ひき肉３００gに長ねぎのみじん切り10cm分、おろししょうが1かけ分、酒大さじ1、塩少々を加えてよく練り、鶏だんごのたねを作る。油揚げ1枚はゆでて油抜きしてひと口大に切る。キャベツ、長ねぎ、にら、しめじは食べやすい大きさに切る。土鍋につゆを入れて火にかけ、沸騰したら鶏だんごのたねをスプーンですくって落とし入れる。火が通ったら、ほかの具材を加えて煮えたところから食べる。

和食

みそちゃんこのつゆ

——からだの芯からほっかほか、心もあたたまる味わいです

みそ〈大さじ6〉

しょうゆ〈大さじ1/2〉

みりん〈大さじ3〉

酒　〈大さじ3〉

だし汁　〈4カップ〉

作り方　すべての材料を混ぜ合わせる。

活用レシピ

［みそちゃんこ］

いわし4尾は手開きにして中骨を取る。包丁でたたき、すり身状にして長ねぎのみじん切り1／2本分、おろししょうが大さじ1、塩少々、酒大さじ1を混ぜる。鶏もも肉はひと口大、白菜、長ねぎ、春菊、もやし、えのきだけは食べやすい大きさに切る。土鍋につゆを入れて火にかけ、沸騰したらいわしをだんご状に丸めて落とし入れる。鶏肉を加え、鶏肉に火が通ったらほかの具材を加えて煮えたところから食べる。

おでんのつゆ

――煮物料理にも使える関東風のおでんの汁です

しょうゆ〈大さじ2〉

みりん〈大さじ3〉

塩〈小さじ1〉

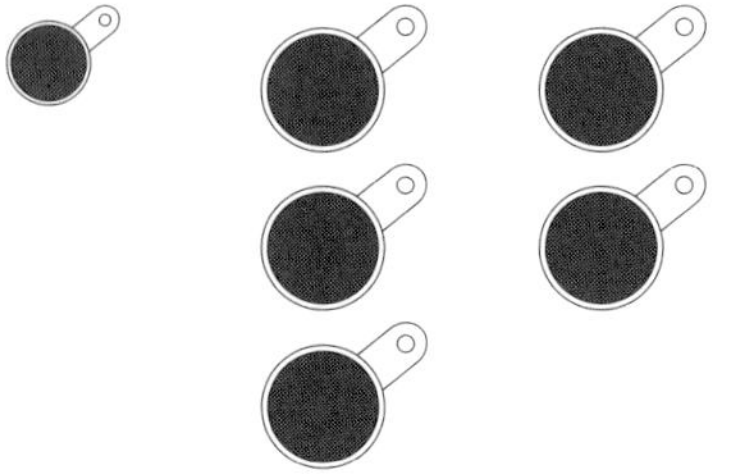

酒　〈1/2カップ〉

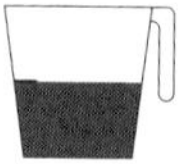

だし汁　〈6カップ〉

作り方　すべての材料を混ぜ合わせる。

活用レシピ

［おでん］

大根は3㎝幅の輪切りにする。こんにゃくは両面に細かく格子状の切り込みを入れて、太めに切って下ゆでする。昆布はもどして6〜7㎝長さに切って結ぶ。厚揚げ、がんもどき、練り物は熱湯をかけたりさっとゆでるなどして油抜きする。鍋につゆを入れ、大根、こんにゃく、昆布を入れて弱火でことこと40分煮る。厚揚げ、がんもどきを加えて20分、最後に練り物を加えて15〜20分煮て味をしみ込ませる。

すき焼きの割り下

――濃いめの甘辛いたれは、牛肉のベストパートナー

しょうゆ〈2/3カップ〉

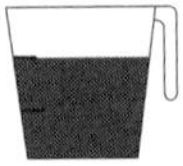

みりん〈1/2カップ〉

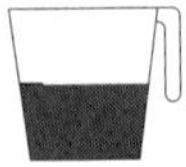

砂糖〈大さじ4〉

だし汁　〈1/2カップ〉

作り方　すべての材料を混ぜ合わせ煮立てる。

●活用レシピ

［すき焼き］
白滝は下ゆでしてざっと刻む。焼き豆腐はひと口大に、長ねぎ、しいたけ、春菊は食べやすい大きさに切る。鍋を熱して牛脂をなじませ、すき焼き用の牛肉と長ねぎを焼きつけ、ひたひたに割り下を注ぐ。煮立ったらほかの具材を加えて、煮えたところから食べる。

［牛丼］
割り下1／2カップ、水1カップを合わせて煮立て、玉ねぎの細切りを煮て、牛こま切れ肉を加えて3～4分煮る。

［肉豆腐］
割り下1／2カップ、水1／2カップを合わせて煮立て、牛こま切れ肉を加えて火を通し、ひと口大に切った豆腐を加える。ぶつ切りにした長ねぎを加え、落とし蓋をして7～8分煮る。

和食

豆乳鍋のつゆ

――まろやかでクリーミー、ヘルシーな鍋つゆです

豆乳〈2カップ〉

だし汁〈2カップ〉

しょうゆ〈小さじ1/2〉

塩　〈小さじ1〉

作り方　すべての材料を混ぜ合わせる。

● 活用レシピ

［豆乳鍋］

鍋につゆを入れ、絹ごし豆腐2丁を大きく割って加え中火にかける。煮立ちはじめたらえのきだけ、水菜、三つ葉などを加え、煮えたところから食べる。

［ひき肉とにらの豆乳スープ］

豚ひき肉100gをサラダ油でぽろぽろになるまで炒め、酒大さじ1、しょうが汁小さじ1を加えて混ぜ合わせる。にら1／2束の小口切りを加えてさっと炒め、つゆの1／3量を加えてひと煮立ちさせる。仕上げに、こしょうをさっとふる。

［白菜と豚ばら肉の豆乳煮］

白菜はひと口大に切り、豚ばら肉は食べやすい大きさに切る。ごま油で白菜を炒め、つゆ1／2量を加えて煮立ちはじめたら豚肉を加えて煮る。

洋食

イタリアン鍋のつゆ

——トマトベースのスープは、野菜や魚介と相性抜群

トマトの水煮(角切り)〈2カップ〉

チキンスープ〈2カップ〉

白ワイン〈1/4カップ〉

こしょう〈少々〉

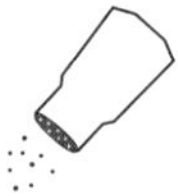

ローリエ〈1枚〉

玉ねぎのみじん切り〈1カップ〉

アンチョビペースト〈大さじ1〉

塩〈小さじ1〉

にんにくのみじん切り〈大さじ1〉

オリーブ油〈大さじ2〉

作り方

オリーブ油で玉ねぎとにんにくをしんなりするまで炒め、ほかの材料を加え、4～5分煮る。

活用レシピ

［イタリアン鍋］

きんき1尾はぶつ切り、いかの胴体は2cm幅の輪切りにする。オリーブ油できんきを焼きつけて、つゆを加える。煮立ったら、いか、ムール貝、はまぐり、えびを加えて火を通す。

［トマトリゾット］

米1カップをオリーブ油大さじ1で炒め、米に油がなじんだらつゆ1～1と1/2カップを少しずつ加えて混ぜ、つゆを米に吸収させる。少し芯が残る程度に火を通す。

エスニック

カレー鍋のつゆ

——大人も子どもも大好き！　どんな具材でもＯＫです

カレー粉　〈大さじ2〉

しょうゆ　〈大さじ3〉

みりん　〈大さじ2〉

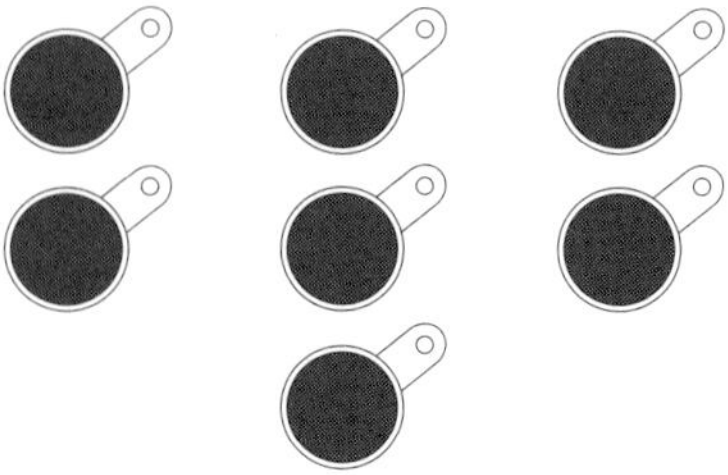

トマトペースト　〈大さじ1〉

だし汁　〈4カップ〉

作り方

すべての材料を混ぜ合わせる。

活用レシピ

[カレー鍋]

鍋につゆを煮立て、好みの具を入れる。

エスニック

チゲのつゆ

——疲れも吹き飛ぶ韓国のピリ辛鍋が作れます

しょうゆ〈大さじ2〉

コチュジャン〈大さじ2〉

ごま油〈大さじ1〉

長ねぎのみじん切り〈大さじ2〉

おろししょうが〈小さじ1〉

おろしにんにく〈小さじ1〉

酒　〈大さじ3〉

粉唐辛子　〈大さじ1〉

だし汁　〈4カップ〉

ごま　〈大さじ1〉

作り方　すべての材料を混ぜ合わせる。

活用レシピ

［たらチゲ］

鍋につゆを煮立て、生だらをひと口大に切って加え、ひと煮したら豆腐1丁を割り入れ、にら、長ねぎ、しめじ、最後に白菜キムチを加えて煮る。

［じゃがいもとスペアリブの煮物］

じゃがいも4コはゆでて半分に切る。つゆを煮立て、スペアリブを加えて1時間煮る。つゆが減ったら水をさし、スペアリブがやわらかくなったらじゃがいもを加えて4～5分煮る。豆もやし、にらを加え、刻んだねぎを散らす。

中華

火鍋のつゆ

――辛くて、おいしくて、辛くて…箸が止まりません

長ねぎのみじん切り〈大さじ3〉

しょうがのみじん切り〈大さじ1〉

にんにくのみじん切り〈小さじ1〉

練りごま（白）〈大さじ4〉

オイスターソース〈大さじ1〉

豆板醤〈小さじ2〉

しょうゆ〈小さじ1〉

鶏がらスープ〈3カップ〉

作り方

すべての材料を混ぜ合わせる。

活用レシピ

［火鍋］

鍋につゆを煮立て、牛肉、豚肉、鶏肉、ラム肉、長ねぎ、白菜、にらなど、好みの具を入れる。

料理がおいしくなる話

鶏がらスープとチキンスープの

本書では、鶏がらスープやチキンスープをベースにしたたれもたくさん紹介しています。だし汁同様、スープも手作りすれば絶品のおいしさです。

【鶏がらスープの作り方】

①1羽分の鶏がら（300g）を下ゆでして水でよく洗い、血や脂を取り除く。
②鍋に水4カップと鶏がらを入れ、強火にかける。フタはしないこと。
③沸騰してから弱火にし、1時間ほど煮込む。
④途中、アクと脂が浮いてきたらていねいにすくう。
⑤スープをザルでこす。

【チキンスープの作り方】

鶏がらスープ作りの②の工程で、水や鶏がらと一緒に、玉ねぎ1/4コ、にんじん1/4本、セロリ5cmを入れる。ほかは鶏がらスープと同様に作る。

*いずれのスープも、鶏がらの代わりに鶏手羽元や鶏手羽先を使ってもいい。

つけだれ・かけだれ

焼肉、しゃぶしゃぶ、鍋、ギョーザ…。たれを変えれば、おいしさ新発見。

冷蔵庫で1週間ほど保存できます。

和食

ポン酢しょうゆ

——柑橘の新鮮な香りは、手作りならではのおいしさです

しょうゆ　〈1/3カップ〉

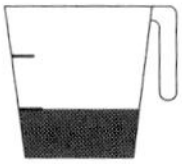

すだちやかぼすなど柑橘類のしぼり汁、または酢　〈1/3カップ〉

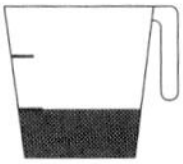

だし汁　〈1/3カップ〉

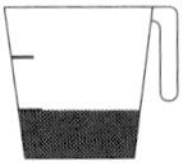

作り方　すべての材料を混ぜ合わせる。

●活用レシピ

しゃぶしゃぶのたれ、水炊きやたらちりなど鍋物のつけだれに。焼き魚にかけたり、炒め焼きした肉や魚のソースにしても。

［手羽先の揚げ漬け］
鶏手羽先６本は皮目に３本切り込みを入れる。１４０～１５０度の油でこんがり色づく程度まで５～６分揚げる。油をきって熱いうちにポン酢しょうゆに漬ける。

［いかとトマトのサラダ］
いかの胴体は５㎜幅の輪切りにしてゆでる。トマト１コはひと口大に切る。水気をきったいかとトマトを合わせてオリーブ油をまぶし、ポン酢しょうゆで和える。

［いわしの酢煮］
いわし４尾は頭と内臓を取る。ポン酢しょうゆ１／３カップと水１カップを合わせて煮立て、いわしを並べ入れる。落とし蓋をして30～40分煮る。

［キャベツの酢炒め］
ごま油を熱して、ひと口大に切ったキャベツを炒める。油が全体にまわったら、ポン酢しょうゆを加えて炒め合わせる。

和食

薬味酢

——たっぷりの薬味で、油っこい料理もさっぱりと

酢〈大さじ3〉

しょうゆ〈大さじ3〉

酒〈大さじ3〉

砂糖〈小さじ2〉

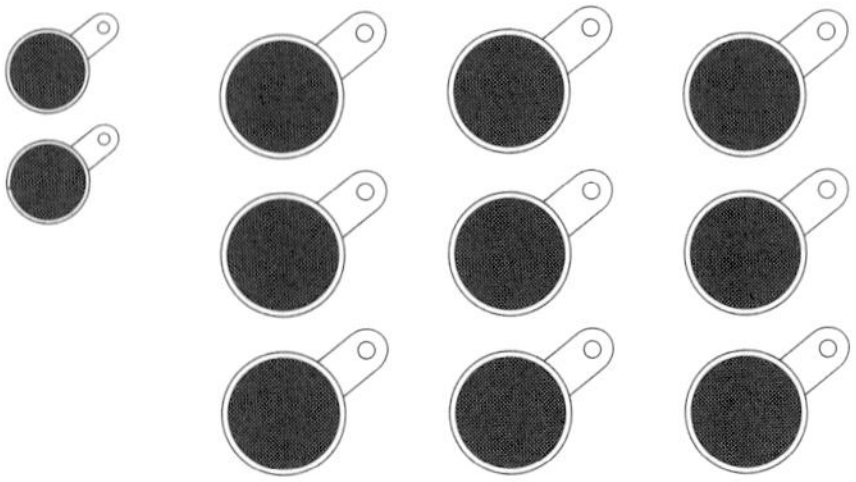

長ねぎのみじん切り 〈大さじ2〉

しょうがのみじん切り 〈小さじ1〉

にんにくのみじん切り 〈小さじ1〉

作り方 すべての材料を混ぜ合わせる。

活用レシピ

ギョーザやシューマイのつけだれにしたり、サラダのドレッシングにしても。ゆで野菜を和えたり、鶏のから揚げや蒸した魚にかけてもおいしい。

［なすの揚げ漬け］

なす4～5本は縦4つ割りにする。180度の油で揚げ、こんがりしたら油をきってたれに漬ける。

ごまだれ

——ごまの風味豊かなコクのある味わいです

練りごま（白）〈大さじ4〉

しょうゆ〈大さじ1〉

砂糖〈大さじ1〉

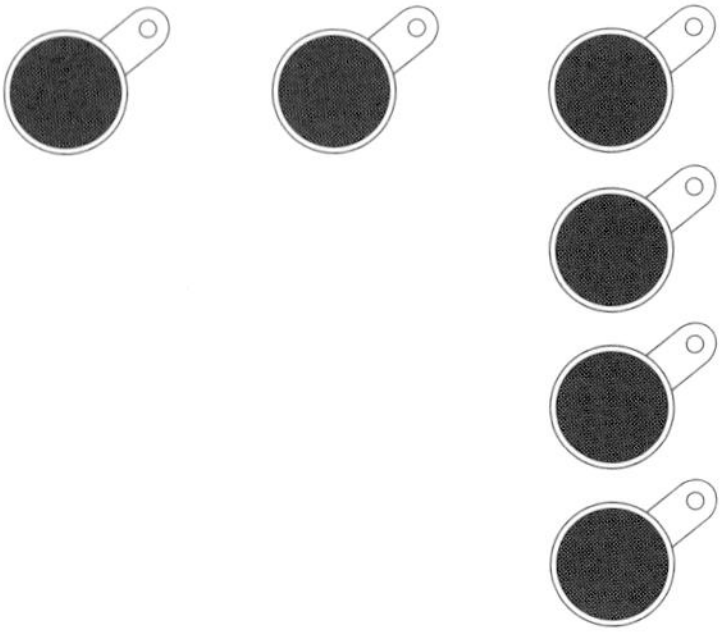

酢 〈大さじ1〉

だし汁 〈大さじ6〉

作り方 練りごま以外の材料を混ぜ合わせ、練りごまに少しずつ加えて混ぜ合わせる。

● 活用レシピ

しゃぶしゃぶのたれ、水炊きやたらちりなど鍋物のつけだれにしたり、めん類のつけつゆにしてもおいしい。

[ごまだれのつけつゆ]

めんつゆ（214ページ参照）1/3カップにごまだれ大さじ2〜3を加えて混ぜる。そうめん、ざるそばなどのつけつゆに。

[たいとアボカドの和え物]

たい（サク・刺身用）80g、アボカド1コは1cm角に切る。みょうが1コは小口切りにする。たい、アボカド、みょうがを合わせ、たれ大さじ3〜4で和える。

和食

練りみそ

——淡泊な素材によく合います

みそ〈大さじ8〉

砂糖〈大さじ6〉

酒〈大さじ4〉

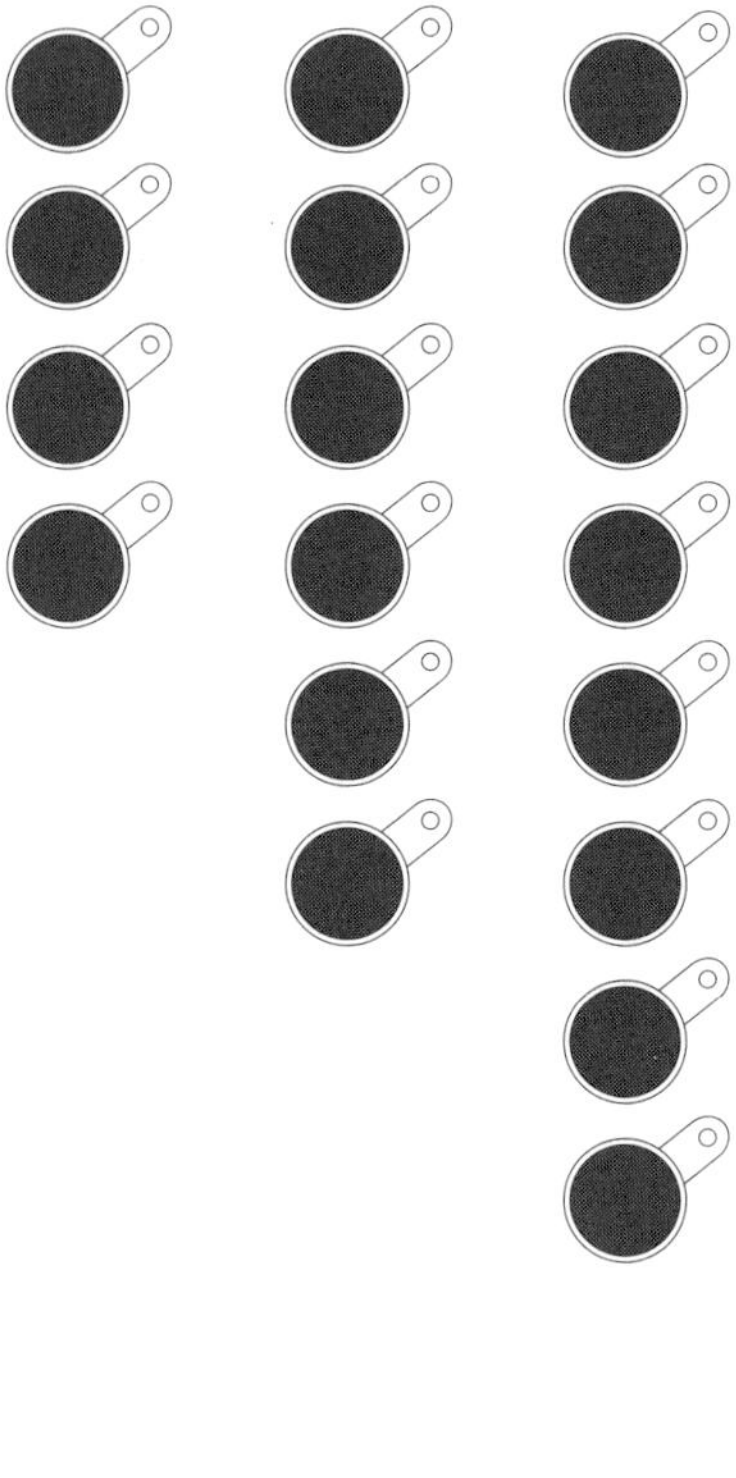

みりん　〈大さじ2〉

だし汁　〈大さじ4〉

作り方　鍋にすべての材料を合わせ、鍋底からしっかりと混ぜながら中火で煮詰める。

●活用レシピ

ふろふき大根や豆腐田楽のたれに。ゆで野菜、ゆで豚を和えても。

[肉みそ]

鶏ひき肉100gとしょうがのみじん切りを鍋に入れ、酒大さじ1を加えていりつける。練りみそを加えてよく混ぜ、ひと煮する。

[たいみそ]

たいをゆで、皮と骨を取り除いてほぐし、ふきんに包んで冷水で洗う。水がにごらなくなったら水気をしぼり、練りみそに加えて混ぜ合わせる。

和食

みそかつのたれ

——名古屋名物の甘辛のみそだれです

八丁みそ〈大さじ4〉

鶏がらスープ〈1/2カップ〉

砂糖〈大さじ4〉

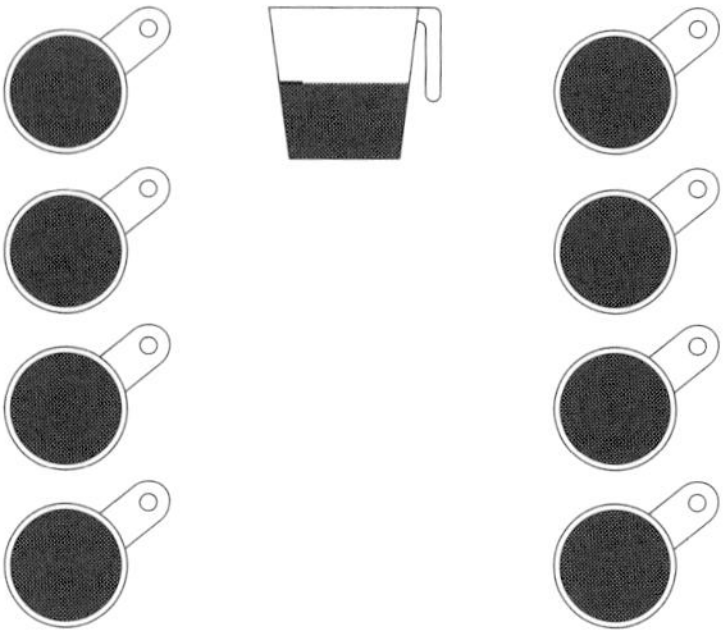

みりん 〈大さじ3〉

おろしにんにく 〈小さじ1/4〉

作り方

小鍋にみそを入れ、鶏がらスープを少しずつ注いで溶いていく。ほかの材料も合わせ、中火にかける。煮立ったら弱火にし、ヘラで混ぜながらとろりとするまで煮詰める。

活用レシピ

［みそかつ］

とんかつにたれをかける。

中華

バンバンジーのたれ

——さまざまな料理に活用できるピリ辛のごまだれ

練りごま（白）〈大さじ4〉

オイスターソース〈小さじ1/2〉

しょうゆ〈大さじ2〉

ごま油〈大さじ1〉

酢〈大さじ1〉

豆板醤〈小さじ2〉

砂糖　〈大さじ1〉　**おろしにんにく**　〈小さじ1/4〉

みりん　〈大さじ1〉

作り方　練りごまを溶きのばすように混ぜながら、ほかの材料を順に加える。

●活用レシピ

[バンバンジー]

鶏もも肉1枚は塩少々、酒大さじ1をもみ込み鍋に入れる。しょうが、長ねぎの薄切りをのせ、水1/4カップを加えてフタをし中火にかける。約8分、蒸しゆでにして、そのまま冷ます。5㎜幅に切り、きゅうりの細切り、トマトの薄切りを添え、たれをかける。

[豆腐のごま煮]

豆腐は1㎝厚さに切ってごま油で焼きつける。だし汁1/2カップとたれを加えてひと煮する。

焼肉のつけだれ（しょうゆ味）

——昆布茶が隠し味のたれは、焼肉屋さんの味

しょうゆ〈大さじ3 1/3〉

砂糖〈大さじ2〉

酒〈大さじ2〉

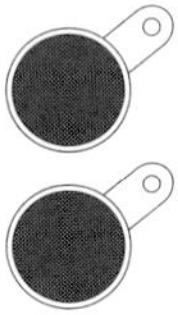

昆布茶〈小さじ1〉

刻み唐辛子〈小さじ1〉

水〈1/2カップ〉

作り方

鍋にすべての材料を合わせ、10秒煮立てる。

エスニック

焼肉のつけだれ（レモン味）

――レモンのさわやかな酸味で、肉がさっぱり食べられます

レモン汁〈大さじ4〉

砂糖〈大さじ1〉

塩〈小さじ1/4〉

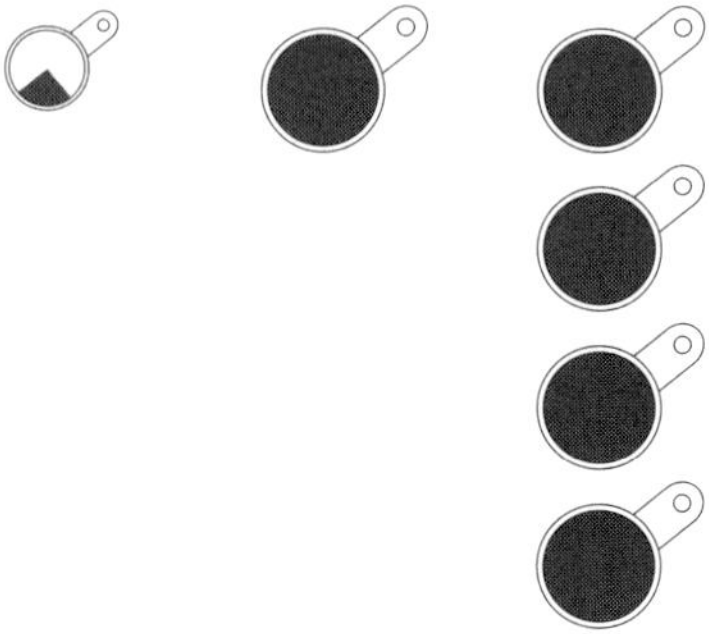

こしょう〈少々〉

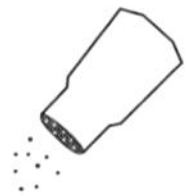

刻み唐辛子〈小さじ1〉

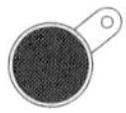

水〈大さじ2〉

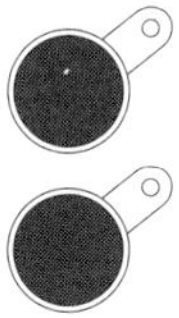

作り方

すべての材料を混ぜ合わせる。

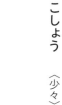

エスニック

生春巻きのたれ

――ベトナム風の本格的な味が楽しめるつけだれです

みそ〈大さじ3〉

ナンプラー〈大さじ1〉

砂糖〈大さじ2〉

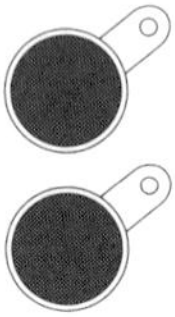

酢 〈小さじ1〉 

水 〈大さじ5〉 

刻みピーナッツ 〈大さじ1〉 

作り方

すべての材料を混ぜ合わせる。

●活用レシピ

［生春巻き］

もどしたライスペーパーに、青じそ、万能ねぎ、ゆでたえび、サニーレタスをのせ、両端を折って巻く。たれをつけて食べる。

料理がおいしくなる料理用語の話

本書に登場する基本の料理用語です。
意味を正しく理解していると、手際よく、また失敗せずに料理ができます。

◎ひたひたの水……鍋に平らに入れた材料の頭が見え隠れする程度に水を注ぐ。

◎かぶるくらいの水……鍋に平らに入れた材料全体が、ぎりぎり隠れるように水を注ぐ。

◎いり煮……少量の調味料で、汁気がなくなるまでかき混ぜながら煮る。

◎からいり……鍋やフライパンに油や水などを加えず、かき混ぜたり、鍋などをゆすったりしながら香ばしく材料に火を通す。

◎素揚げ……衣などをつけず、そのまま揚げる。

◎筋をひく……セロリの茎の部分の筋を取ること。ピーラーまたは包丁の刃元を使って、薄く皮をむくように取る。

◎汁気を飛ばす……焦げつかないように鍋をゆすったりかき混ぜたりしながら、水分を一気に蒸発させる。

◎手開き……魚の頭を落とし、腹を斜めに切って内臓を取り出し、片方の親指を頭のほうから入れ、中骨に沿って指を進めて開いていく。

ソース

肉や魚のソテーやフライにかけるだけで、
まるで洋食屋さんの味に！

冷蔵庫で1週間ほど保存できます。

洋食

ハンバーグソース

――粒マスタードのさわやかな辛みがアクセント

ケチャップ〈大さじ4〉

ウスターソース〈大さじ2〉

赤ワイン〈大さじ1〉

粒マスタード〈大さじ2〉

おろしにんにく〈小さじ1/4〉

しょうゆ 〈小さじ1〉

こしょう 〈少々〉

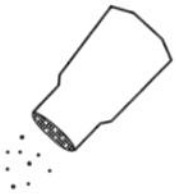

ナツメグ 〈少々〉

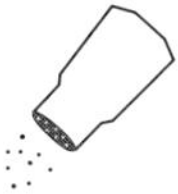

作り方

すべての材料を混ぜ合わせる。

活用レシピ

［ポークソテー］

サラダ油でにんにくを炒め、香りが立ったらしょうが焼き用の豚肉、玉ねぎの細切りを炒め、ソースをからめる。

洋食

マスタードソース

——こってり料理によく合う、さっぱり味のソースです

フレンチマスタード〈大さじ4〉

こしょう〈少々〉

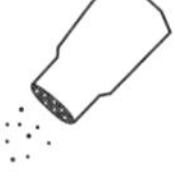

酢〈大さじ1〉

オリーブ油〈大さじ2〉

ウスターソース〈小さじ1〉

砂糖 〈小さじ1〉

塩 〈小さじ1/3〉

作り方

すべての材料を混ぜ合わせる。

●活用レシピ

ソテーした魚のソース、フライやシーフードサラダのソースに。

[豚肉のマスタードソース煮]

豚肩ロース肉は塩こしょうし、薄力粉をはたきつける。フライパンにバターを溶かして豚肉を焼き、こんがりしたら玉ねぎのみじん切りを加えて炒め、白ワインを加えてフタをし、蒸し煮にする。豚肉に火が通ったらソースを加え、強火にして全体にからめる。

洋食

レモンソース

——はちみつを使って、甘酸っぱい優しい味わいに

レモン汁〈大さじ2〉

酢〈大さじ2〉

はちみつ〈大さじ2〉

塩 〈少々〉

片栗粉 〈小さじ1〉

水 〈大さじ3〉

作り方

すべての材料を鍋に合わせ、弱火にかけて混ぜながらひと煮立ちさせる。とろりとしたら完成。

活用レシピ

[たらのから揚げレモンソース]

たらはひと口大に切って塩こしょうし、片栗粉をまぶしてからりと揚げる。ソースをかける。

洋食

タルタルソース

――フライ料理に欠かせないおなじみのソース

マヨネーズ〈大さじ6〉

レモン汁〈小さじ1〉

塩〈少々〉

こしょう〈少々〉

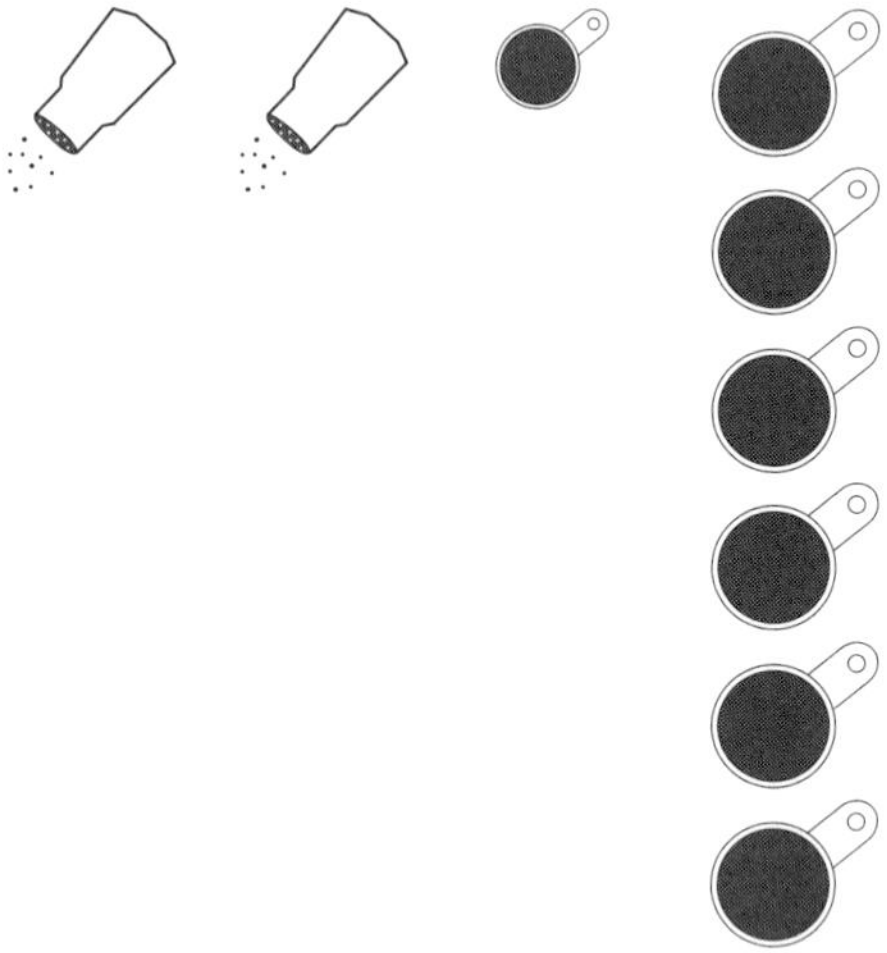

ゆで卵のみじん切り　〈大さじ3〉

玉ねぎのみじん切り　〈大さじ2〉

ピクルスのみじん切り　〈大さじ1〉

パセリのみじん切り　〈大さじ1〉

おろしにんにく　〈小さじ1/4〉

作り方

すべての材料を混ぜ合わせる。

洋食

ツナソース

——肉や魚料理のソースとして重宝します

ツナ（缶詰）〈小1缶〉

マヨネーズ〈大さじ2〉

アンチョビペースト〈大さじ1/2〉

レモン汁〈小さじ1〉

こしょう〈少々〉

ウスターソース〈小さじ1〉

ケチャップ〈小さじ1〉

作り方

ツナはオイルをきって細かくほぐす。すべての材料を混ぜ合わせる。

活用レシピ

鶏肉や豚肉のソテー、シーフードフライ、ゆで野菜やゆで豚のソースに。サラダのドレッシングにも。

[蒸し鶏とアボカドのサラダ]

鶏むね肉は酒をふって蒸しゆでにして冷まし、1cm角に切る。アボカドは1cm角に切ってレモン汁をまぶす。パプリカ、セロリ、きゅうりは1cm角に切る。すべてを混ぜ合わせ、ソースで和える。

洋食

カクテルソース

——魚介類と相性がいいソースで、冷製料理に大活躍

ケチャップ〈大さじ5〉

ウスターソース〈小さじ1〉

タバスコ〈小さじ1/4〉

レモン汁　〈大さじ1〉

塩　〈少々〉

作り方　すべての材料を混ぜ合わせる。

活用レシピ

ゆでたえびやいかにかけたり、生がきにたらしたり、生春巻きのつけだれにしても。

［真だいのカクテル］

真だい（サク・刺身用）は1cm角に切り、万能ねぎの小口切りを混ぜ合わせる。盛りつけてソースをかける。

［たことモッツァレラのサラダ］

ゆでだこ100gはぶつ切りに、モッツァレラチーズはひと口大に切る。たことモッツァレラチーズを合わせ、ソースで和える。

ピザソース

——材料を混ぜるだけで、本格ソースのできあがり

トマトの水煮（角切り）〈1/2カップ〉

トマトペースト〈大さじ1〉

オリーブ油〈大さじ1〉

おろしにんにく〈小さじ1/4〉

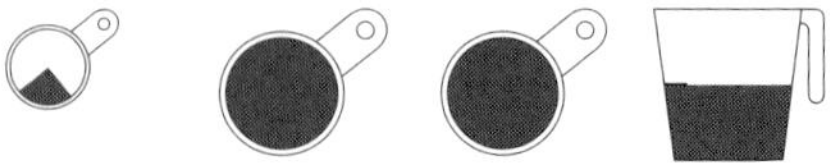

タイム（ドライ）〈小さじ1/4〉

オレガノ（ドライ）〈小さじ1/4〉

塩〈少々〉

こしょう〈少々〉

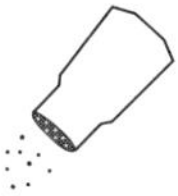

作り方

すべての材料を混ぜ合わせる。

●活用レシピ

［ピザ］

市販のピザ生地にソースを塗り、野菜やハムなど好みの具材をのせ、とけるチーズをかける。２５０度のオーブンで、チーズが溶けて、こんがりするまで8分ほど焼く。

ジェノベーゼソース

——フレッシュバジルで手作りすると、味も香りも格別です

バジルの葉〈50枚〉

松の実〈1/2カップ〉

パルメザンチーズ（粉）〈1/2カップ〉

おろしにんにく〈小さじ1〉

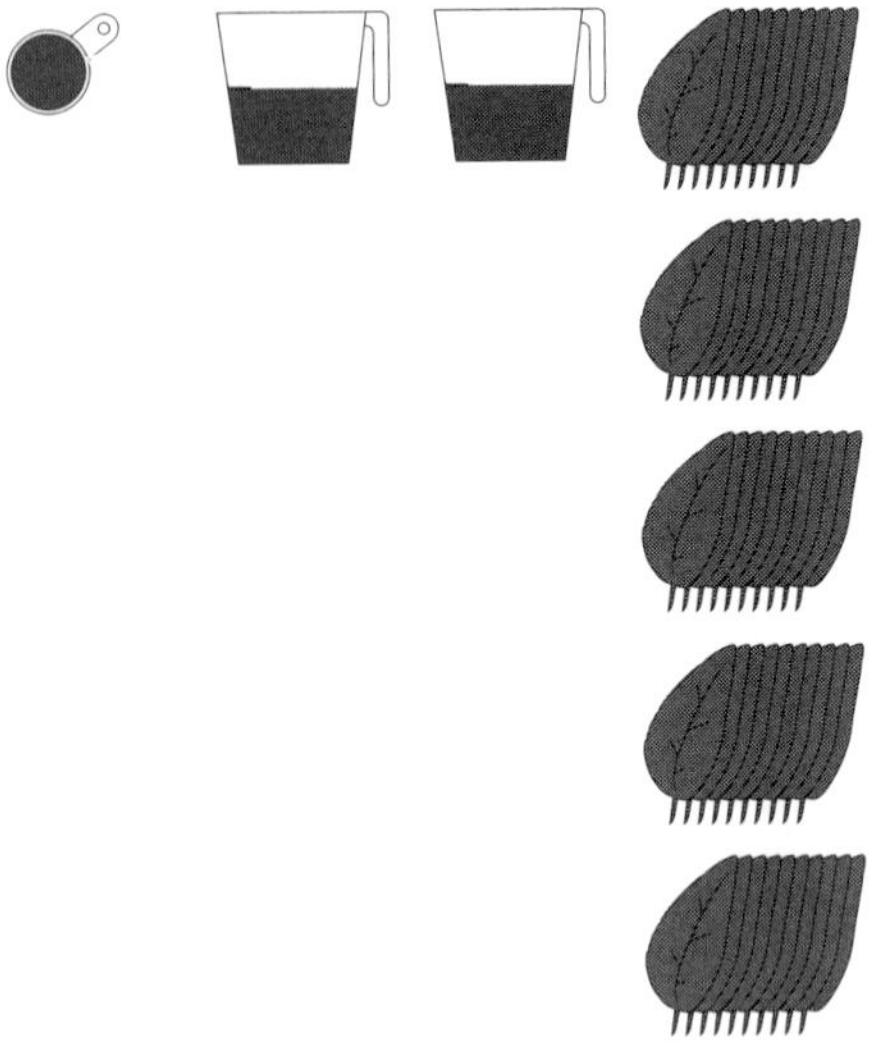

塩　〈小さじ1〉

こしょう　〈少々〉

オリーブ油　〈1/3カップ〉

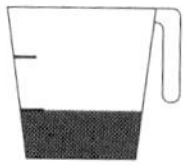

作り方

すべての材料をフードプロセッサーに入れて、なめらかになるまで撹拌する。

活用レシピ

パスタソースとしてはもちろん、ソテーした肉や魚のソースとしても。

［ジェノベーゼのパスタ］

パスタをゆでて、適量のソースで和える。

洋食

バーニャカウダソース

——どんな野菜とも相性抜群。白ワインがすすみます

にんにく〈5かけ〉

アンチョビのみじん切り〈小さじ1〉

オリーブ油〈大さじ2〉

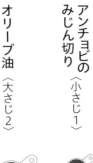

塩　〈少々〉

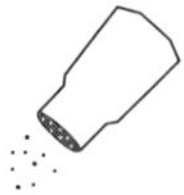

作り方

にんにくを牛乳適量（分量外）で煮る。やわらかくなったら汁気をきって、なめらかになるまでつぶし、ほかの材料と混ぜ合わせる。

活用レシピ

好みのゆで野菜や生野菜につけて。

いろいろな調味料の話

料理がおいしくなる

料理のレパートリーを広げる、さまざまな調味料を紹介します。

◎オイスターソース……塩漬けにした生がきを発酵・熟成させたもの。

◎甜麺醤……小麦粉と塩に麹を加えて発酵させた甘みそ。

◎豆板醤……そら豆を原料に唐辛子や小麦粉を加えた発酵調味料。

◎コチュジャン……穀類、麹、唐辛子粉などで作られる甘辛いみそ。

◎ナンプラー……魚介類を原料に作られる魚醤。ベトナムではニョクマムという。

◎サンバル……唐辛子、にんにく、トマトなどが入ったチリソースの一種。

◎粒マスタード……辛子種の入った、白ワインの風味がきいた洋がらし。マイルドな辛さが特徴。

◎フレンチマスタード……辛子種をすりつぶし、酢などを加えた洋がらし。粒マスタードよりさらにマイルドな辛み。

◎ココナッツミルク……ココヤシの果実ココナッツから作られるミルク状の液体。カレーなどに入れるとマイルドな味になる。

◎ピーナッツバター……ピーナッツをすりつぶしてペースト状にしたもの。

◎塩麹……日本の伝統的な調味料で、麹と塩と水を混ぜ合わせ、発酵・熟成させたもの。

ごはん・めん

日本はもちろん、イタリア、
タイ、中国、韓国…
世界の味が楽しめます。

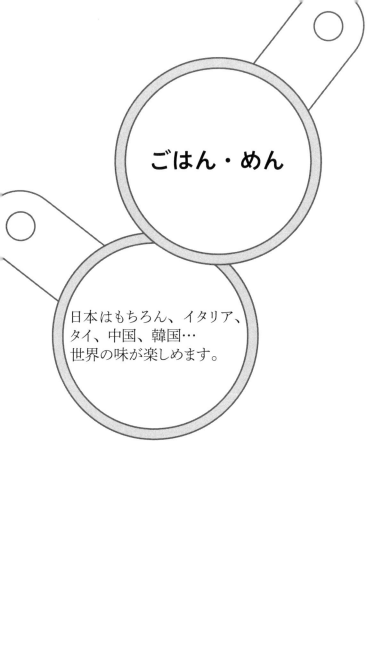

和食

親子丼のたれ

――とろとろの卵を引き立てる、あっさり味の丼だれ

しょうゆ〈小さじ1〉

みりん〈大さじ1〉

塩〈小さじ1/3〉

だし汁

〈3/4カップ〉

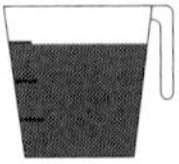

作り方　すべての材料を混ぜ合わせる。

●活用レシピ

［親子丼］
鶏むね肉1／2枚はひと口大のそぎ切り、玉ねぎは1cm幅のくし形切りにする。たれを煮立て、鶏肉、玉ねぎを煮る。火が通ったら卵2コを溶いて流し入れ、卵が好みのかたさになったら火を止めて三つ葉を散らす。

［うなぎとにらの卵とじ］
たれを煮立て、1cm幅に切ったうなぎの蒲焼き、2cm幅に切ったにらを入れ、にらがしんなりしたら溶き卵を流し入れ、好みのかたさまで火を通す。

［厚焼き卵］
卵6コを溶き、たれを加えて混ぜる。フライパンにサラダ油を熱し1／6量を流し入れ、かたまりはじめたら奥から手前に巻いて奥に寄せる。同様にサラダ油を塗り直しながら1／6量ずつ流し入れて、焼いていく。

和食

かつ丼のたれ

――とんかつに負けない、ちょっと濃いめの甘辛丼だれ

しょうゆ 〈大さじ1〉

砂糖 〈小さじ1〉

みりん 〈大さじ1〉

だし汁　〈3/4カップ〉

作り方　すべての材料を混ぜ合わせる。

活用レシピ

［かつ丼］
たれを煮立て、玉ねぎの薄切り1／2コ分を加え、しんなりしたら2㎝幅に切ったとんかつ2枚を加える。たれが再び煮立ったら溶き卵を流し入れ、卵が好みのかたさになるまで火を通す。

［なすの柳川風］
豚薄切り肉100gとなす2本は細切り、ごぼう1／4本はささがきにする。鍋にサラダ油を熱し、豚肉とごぼうを炒め、ごぼうが透き通ったらたれを加える。なすを放射状に並べ入れ、フタをして10分煮る。卵2コを溶いて流し入れ、好みのかたさまで火を通す。

［白菜とツナの煮びたし］
たれを煮立て、ひと口大に切った白菜2枚、汁気をきったツナ1缶を加え、白菜がくったりするまで煮る。

すし酢

——鉄火丼やちらしなど、家庭で気軽にすしが楽しめます

酢〈大さじ3 1/2〉

砂糖〈大さじ1 1/2〉

塩〈小さじ1/2〉

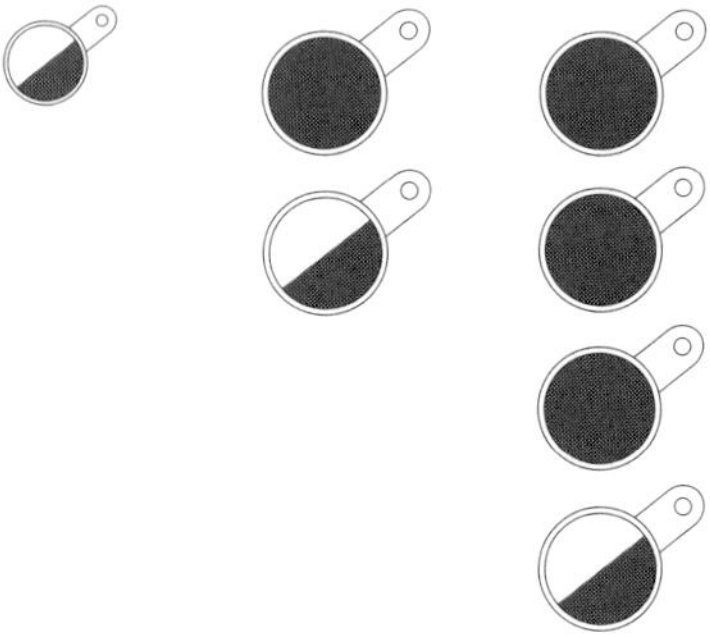

作り方　すべての材料を混ぜ合わせる。

活用レシピ

［すし飯］

米2合を研ぎ、昆布3cm角1枚をのせて少々かために炊く。炊きあがったら昆布を取り除き、大きめのバットなどにあけて大きくしゃもじで2～3回混ぜ、すし酢をしゃもじに受けながら全体にまんべんなくかける。手早くしゃもじで5～6回切るようにして混ぜ、すし酢が全体にまわったらごはんをひとまとめにし、かたくしぼったぬれふきんを上からかけて10分蒸らす。うちわなどであおぎながら再びしゃもじで切るように混ぜ、人肌程度に冷ます。

［さけとセロリの混ぜずし］

塩ざけはこんがりと焼いて皮と骨を取り除き、身をほぐす。セロリ2本は筋を取って小口切りにし、塩でもんでしんなりさせてしっかり水気をしぼる。さけとセロリをすし飯に加え、ごまをふって全体をさっくりと混ぜ合わせる。

［れんこんの甘酢漬け］

皮をむいたれんこんは薄い輪切りにして水洗いし、色が変わる程度にゆでて湯をきり、熱いうちにすし酢に漬ける。

和食

いなりずしの油揚げの煮汁

――すし飯と相性がいい甘めの油揚げに煮あがります

しょうゆ〈大さじ3〉

砂糖〈大さじ3〉

みりん〈大さじ1〉

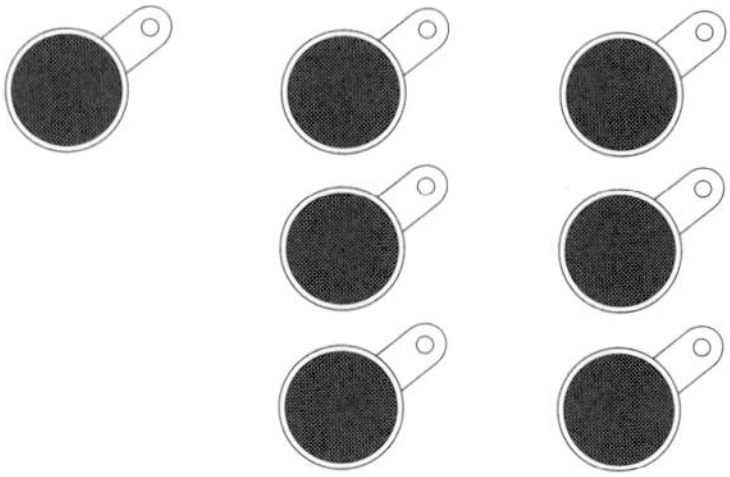

だし汁　〈1 1/2カップ〉

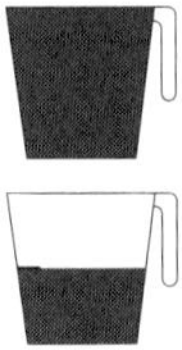

作り方　すべての材料を混ぜ合わせる。

活用レシピ

［いなりずし］

油揚げ6枚は半分に切って袋状に開く。まな板にのせ、菜箸などを転がすと上手に開ける。たっぷりの湯で2～3分ゆでて油抜きし、ザルにあげる。ぬるま湯でよく洗って水気をしっかりしぼる。鍋にたれを入れ、油揚げを加えて落とし蓋をして中火で30分、ほとんど汁気がなくなるまで煮る。そのまま冷まして、味を含ませる。焼きあなご1枚、ゆでた三つ葉1束、しょうがの甘酢漬け1／4カップはそれぞれみじん切りにし、ごま大さじ2とともに、2合分のすし飯（205ページ参照）とさっくり混ぜ合わせる。すし飯をおよそ12等分し、油揚げの汁気を軽くしぼって中に詰める。

炊き込みごはんのたれ（しょうゆ味）

――どんな具材にも合う、炊き込みごはんの基本だれ

しょうゆ〈小さじ2〉

塩〈小さじ1 1/3〉

砂糖〈小さじ2〉

酒 〈大さじ1〉 

みりん 〈小さじ1〉 

作り方 すべての材料を混ぜ合わせる。

活用レシピ

［かやくごはん］

米2合は研いでザルにあげる。にんじん1／2本はせん切り、ごぼう1本はささがき、こんにゃく1／2枚は細切りにして下ゆでする。油揚げは細切りにしてゆでて油抜きする。炊飯器に米を入れ、ひたひたになるまで水を入れ、たれを加えてさらに2合の目盛りまで水を加える。全体を混ぜ合わせて表面を平らにし、にんじん、ごぼう、こんにゃく、油揚げをのせて炊く。炊きあがったら全体を混ぜる。

和食

炊き込みごはんのたれ（塩味）

——旬の素材の持ち味を生かす、薄めの味つけです

しょうゆ〈小さじ1/2〉

塩〈小さじ1〉

酒〈大さじ1〉

みりん　〈大さじ1〉

作り方　すべての材料を混ぜ合わせる。

活用レシピ

［たけのこごはん］

ゆでた新たけのこ1本は薄切りにする。米2合を研いで炊飯器に入れ、たれを加えて2合の目盛りまで水を加える。たけのこをのせて炊く。

［きのこごはん］

しめじ1パックは石づきを取ってほぐす。しいたけ4コは石づきを取って薄切りにする。米2合を研いで炊飯器に入れ、たれを加えて2合の目盛りまで水を加える。きのこをのせて炊く。

［たいめし］

たい2切れは塩少々、酒大さじ1をふる。米2合を研いで炊飯器に入れ、たれを加えて2合の目盛りまで水を加える。たいをのせて炊き、炊きあがったら骨を取り除き、身をほぐして全体を混ぜ合わせる。

和食

タコライスのたれ

——沖縄生まれのスパイシーごはんのモト

ケチャップ〈大さじ2〉

トマトペースト〈大さじ1〉

ウスターソース〈大さじ1〉

こしょう〈少々〉

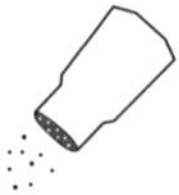

おろしにんにく〈小さじ1/2〉

玉ねぎのみじん切り〈1/4カップ〉

しょうゆ　〈小さじ1〉

チリパウダー　〈大さじ1/2〉

チリペッパー　〈少々〉
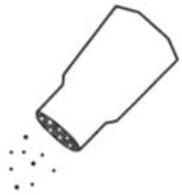

作り方

すべての材料を混ぜ合わせる。

活用レシピ

［タコライス］
牛ひき肉150gを炒め、たれを加えて汁気がなくなるまで炒める。炒めたひき肉、レタスのせん切り、角切りのトマト、細切りチーズの順にごはんにのせる。

和食

めんつゆ

——つけつゆ、かけつゆ、煮物にも利用できる便利なつゆ

しょうゆ〈1/4カップ〉

みりん〈1/4カップ〉

だし汁〈1カップ〉

作り方

すべての材料を混ぜ合わせ、ひと煮立ちさせる。

活用レシピ

めん類のつけつゆ、天つゆには煮立てたものをそのまま使用。めん類のかけつゆは、めんつゆ1/2カップにだし汁3/4〜1カップを加える。

［煮奴］

めんつゆ1/2量を煮立てる。豆腐1丁をひと口大に切って加え、斜め切りにした長ねぎ1/2本を加えて中火で3〜4分煮る。

［さといものしょうゆ煮］

さといも8〜10コは皮をむき、塩でもんでぬめりを洗い落とす。酢を加えた湯で7〜8分下ゆでし、水にとってぬめりをよく洗い落とす。鍋にめんつゆを入れ、さといもを加えて落とし蓋をし、中火で12〜13分煮る。

［いか大根］

大根1/3本は3cm幅の輪切り、いかの胴体も2cm幅の輪切りにする。鍋に大根を入れ、かぶるくらいの水を注いで中火にかけ、煮立ったらめんつゆを加え、再び煮立ったらいかを加える。落とし蓋をして40〜50分、弱火でことこと煮る。

和食

みそ煮込みうどんのつゆ

——グツグツ煮込めば、からだの芯からあたたまります

みそ〈大さじ3〉

砂糖〈小さじ1〉

みりん〈大さじ1〉

だし汁　〈2 1/2カップ〉

作り方　すべての材料を混ぜ合わせる。

活用レシピ

［みそ煮込みうどん］
鶏もも肉1／2枚はひと口大のそぎ切り、長ねぎ1本は2㎝幅に切る。つゆを煮立て、鶏肉、ねぎを入れて4～5分煮る。ゆでて水洗いしたうどんを加え、弱火で12～13分煮込む。

［かぶと油揚げのみそ煮］
かぶ小4コは茎を3㎝ほど残して葉を切り落とす。油揚げ1枚はゆでて油抜きし、大きめのひと口大に切る。鍋にかぶを丸ごと入れ、つゆを注いで中火にかけて油揚げを加える。落とし蓋をし、かぶがやわらかくなるまで20～25分煮る。

［みそぞうすい］
つゆを煮立て、茶碗2杯分のごはんを加えて5～6分弱火で煮て、溶き卵を流し入れる。

和食

ソーメンチャンプルーのたれ

——おつまみにも主食にもなる沖縄の家庭料理です

だし汁〈大さじ2〉

酒〈大さじ1〉

しょうゆ〈小さじ1〉

塩 〈小さじ1/2〉

こしょう 〈少々〉

サラダ油 〈大さじ1/2〉

作り方

すべての材料を混ぜ合わせる。

活用レシピ

［ソーメンチャンプルー］

ひと口大に切った豚ばら薄切り肉、にんじんと玉ねぎの細切りを炒め、ゆでたソーメン、たれを加えて炒める。

洋食

ナポリタンのたれ

――日本が生んだスパゲティは、なつかしいケチャップ味

ケチャップ〈大さじ6〉

しょうゆ〈大さじ1〉

赤ワイン〈大さじ2〉

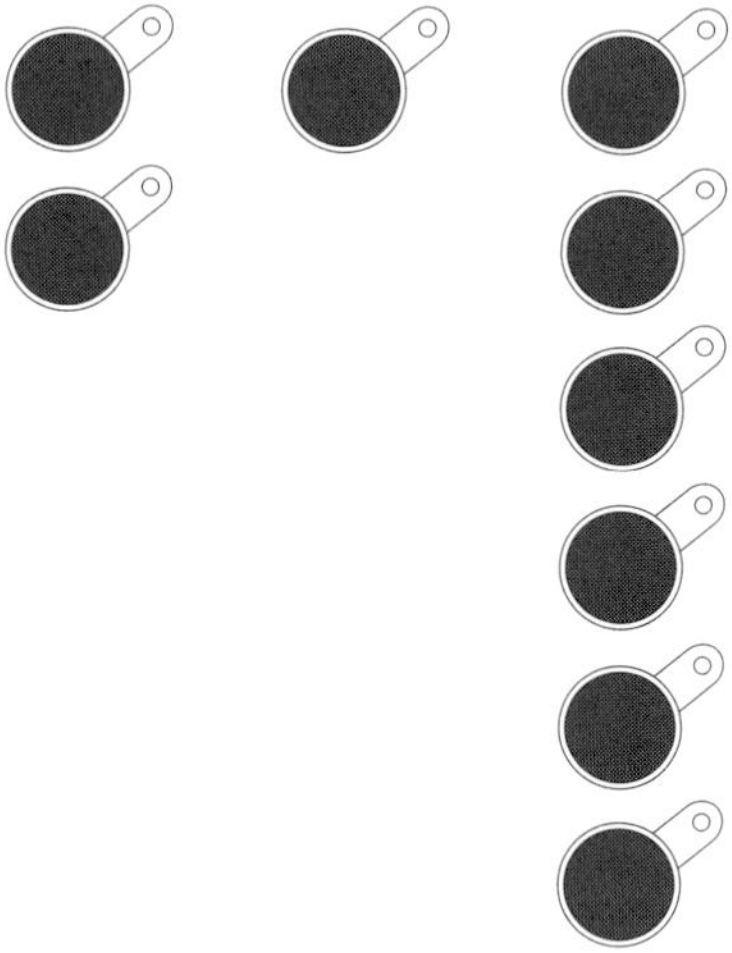

塩 〈小さじ1/2〉

こしょう 〈少々〉

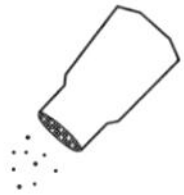

おろしにんにく 〈小さじ1/4〉

作り方

すべての材料を混ぜ合わせる。

●活用レシピ

［ナポリタン］

にんにく、玉ねぎ、ベーコン、ピーマンを炒め、たれを加えて炒め合わせる。

ゆでたパスタを加えて和える。

洋食

カルボナーラのたれ

——卵とチーズだけで作る、失敗知らずのソースです

卵〈2コ〉

パルメザンチーズ(粉)〈大さじ5〉

粗びき黒こしょう〈少々〉

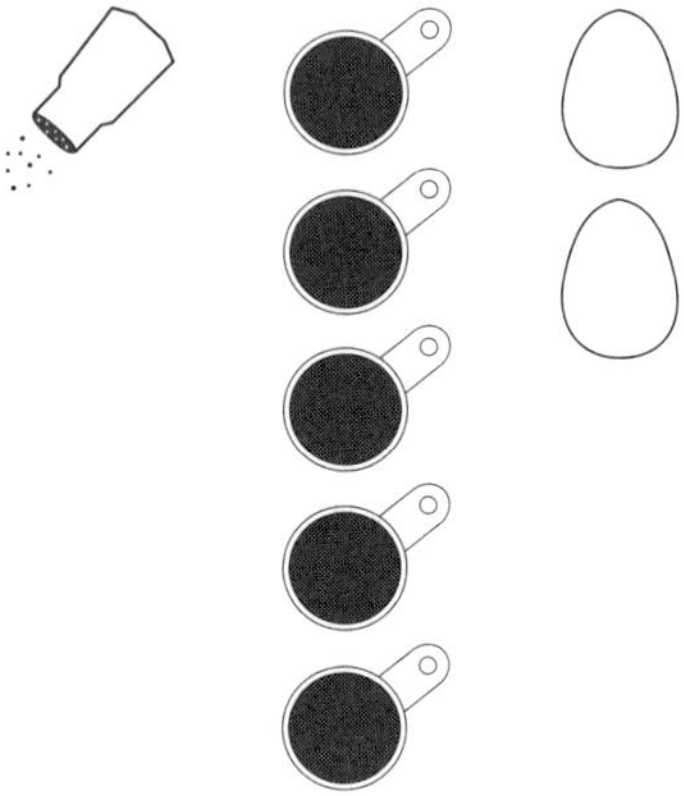

作り方

すべての材料を混ぜ合わせる。

活用レシピ

[カルボナーラ]

ボウルにたれを用意しておく。パンチェッタ(またはベーコン)は細切りにしてカリカリになるまで炒め、白ワイン1/4カップを加えてひと煮立ちさせる。ゆでたパスタ2人前を加えて混ぜ合わせ、たれの入ったボウルに入れてよくからめる。

[レタスとハムの卵とじ]

フライパンにバターを溶かし、細切りにしたレタス3枚を炒める。しんなりしたらみじん切りにしたハム2枚を加えてさっと炒め、ひたひたにスープを注ぐ。煮立ったらたれを加え、卵がふんわりしたら完成。

[イタリア風オムレツ]

にんにく1かけはみじん切り、玉ねぎ1/4コ、パプリカ1/2コ、ズッキーニ1/2本、トマト1コはそれぞれ1cm角に切る。オリーブ油でにんにく、玉ねぎ、パプリカ、ズッキーニを炒め、全体がしんなりしたらトマトを加えてさっと炒める。たれを加えて大きく混ぜ合わせ、こんがりと焼く。

中華

しょうゆ焼きそばのたれ

——目先の変わった焼きそばは、オイスターソースが隠し味

だし汁〈大さじ2〉

しょうゆ〈大さじ2〉

砂糖〈小さじ1/2〉

みりん　〈大さじ1〉

オイスターソース　〈小さじ1〉

こしょう　〈少々〉

作り方　すべての材料を混ぜ合わせる。

● 活用レシピ

［しょうゆ焼きそば］

ひと口大に切った豚ばら肉、玉ねぎ、キャベツ、にんじんの細切りを炒め、中華蒸しめん、たれを加えて炒め合わせる。

中華

あんかけ焼きそばのたれ

——野菜たっぷりのコク旨あんかけが作れます

鶏がらスープ 〈1 1/4カップ〉

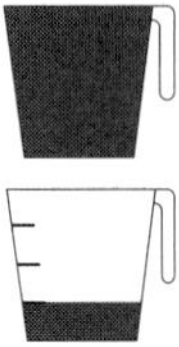

塩 〈少々〉

こしょう 〈少々〉

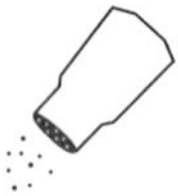

砂糖 〈小さじ1/4〉

オイスターソース 〈小さじ1/2〉

ごま油 〈小さじ1〉

片栗粉 〈大さじ1〉

作り方 すべての材料を混ぜ合わせる。

活用レシピ

［あんかけ焼きそば］

豚ばら薄切り肉、玉ねぎ、にんじん、ピーマンをひと口大に切り、サラダ油で炒める。たれを加え、混ぜながら煮立てる。サラダ油でカリッと焼いた中華蒸しめんにかける。

中華

冷やし中華のたれ

——酢としょうがのきいたさっぱり味は、暑い夏にぴったり

鶏がらスープ〈3/4カップ〉
しょうゆ〈大さじ2 1/2〉
塩〈小さじ1/4〉
砂糖〈大さじ2〉

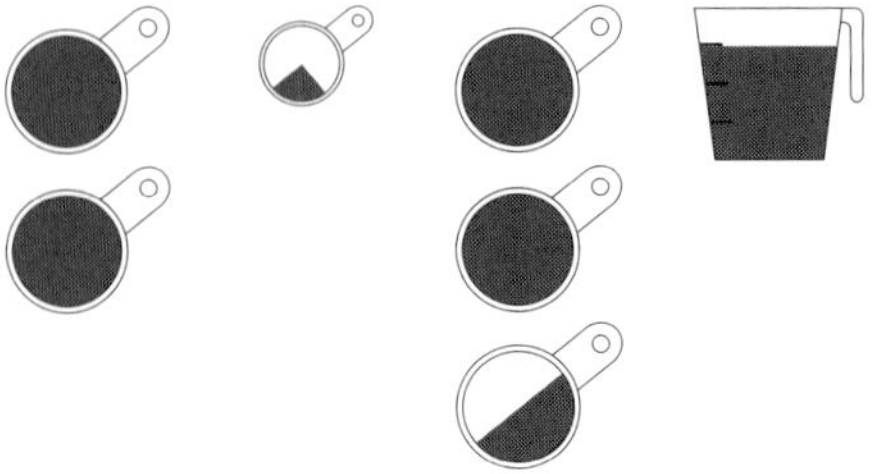

A

酢 〈大さじ3 1/3〉

ごま油 〈小さじ1〉

しょうが汁 〈大さじ1〉

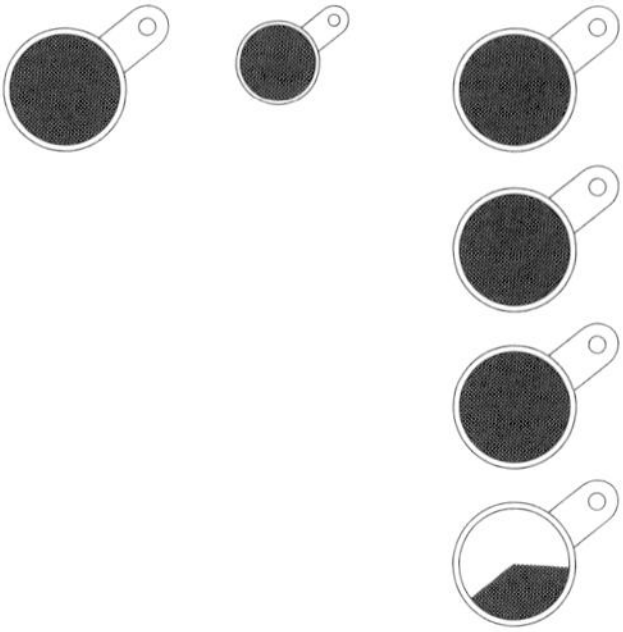

作り方

鶏がらスープ、しょうゆ、塩、砂糖を合わせ、ひと煮立ちさせて冷まし、**A**を加える。

●活用レシピ

[冷やし中華]

中華めんはゆでて冷水で洗い、水気をきってごま油をまぶす。薄切りにした蒸し鶏、ゆでたえび、きゅうりの細切り、ゆでたもやし、錦糸卵、練り辛子をのせ、ごまをふってたれをかける。

[冷やし汁ビーフン]

ビーフンはゆでて冷水にとり、水気をきる。長ねぎの斜め薄切り、チャーシューの細切りをのせ、たれをかける。

エスニック

パッタイのたれ

——タイの代表的なめん料理が、家庭で簡単に作れます

酢 〈大さじ2〉

ナンプラー 〈大さじ1〉

砂糖 〈大さじ1〉

作り方

すべての材料を混ぜ合わせる。

活用レシピ

［パッタイ］

フライパンにサラダ油を熱し、卵2コを割り入れて炒め、ふんわりしたら取り出す。殻をむき、背開きにして背わたを取ったたえび6尾を炒め、細切りにした玉ねぎ1/4コ分を加えて炒め合わせる。たくあん3㎝分、厚揚げ1/2枚の角切りを加えて、全体がよくなじんだらたれを加え、ゆでてもどしたビーフン（乾めんで150g）を加えて全体をよく混ぜ合わせ、ビーフンにたれをすわせる。卵を戻し入れ、刻んだにら、ひげ根を取ったもやし、桜えび、細かく刻んだピーナッツ、粉唐辛子を加えて全体をさっと混ぜ合わせる。

［エスニックチャーハン］

つぶしたにんにく1かけ分をサラダ油大さじ2で炒め、1㎝角に切った鶏もも肉、細かく切ったにんじん、玉ねぎ、さやいんげんを加えて炒め合わせ、卵を割り入れてさっと炒める。茶碗2杯分のごはんを加え、全体がよく混ざったらたれをまわし入れ、粉唐辛子を加えてさっと混ぜ合わせる。

エスニック

フォーのスープ

——あっさりヘルシーな、ベトナムの汁めんを自宅で

鶏がらスープ 〈2 1/2カップ〉

ナンプラー 〈大さじ1〉

塩 〈少々〉

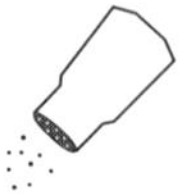

にんにくの薄切り〈1/2かけ分〉

作り方

鍋にすべての材料を合わせ、煮立てる。

● 活用レシピ

［フォー］

ゆでたフォー（またはビーフン）を盛りつけ、炒めた牛肉、生のもやし、にら、ねぎなどをのせ、熱いスープをかける。刻み唐辛子やレモンを添える。

エスニック

ビビンめんのたれ

——冷やしためんにからむ甘辛酸っぱいたれがやみつきに

しょうゆ〈大さじ2〉

酢〈大さじ2〉

コチュジャン〈大さじ2〉

砂糖〈大さじ1〉

長ねぎのみじん切り 〈大さじ2〉

おろししょうが 〈小さじ1〉

おろしにんにく 〈小さじ1〉

粉唐辛子 〈大さじ1/2〉

作り方

すべての材料を混ぜ合わせる。

● **活用レシピ**

[ビビンめん]

冷めんはゆでて冷水にとり、水気をきってたれで和える。ナムル、蒸し鶏、白菜キムチなど好みの具をのせる。

料理がおいしくなる

材料の切り方の話

「活用レシピ」に登場する料理用語の中から、材料の切り方について説明します。

◎ささがき……鉛筆を削る要領で包丁でそぐ。またはピーラーでそいでもいい。

◎くし形切り……球形の野菜を縦半分に切り、切り口を下に置いたら、中心部分に向かって均等の幅になるように端から切る。

◎縦4つ割り……縦半分に切ったら、切り口を下にしてさらに縦半分に切る。

◎乱切り……細長い野菜を横に置いて包丁を斜めに当てて切り落とし、野菜を手前に回転させて同じ角度で切り落とす。これを繰り返す。

◎ざく切り……ざくざくと適当な大きさに切る。

◎ぶつ切り……細長い野菜や肉、魚を、特に形にはこだわらずざっくり切る。

◎そぎ切り……包丁を寝かせて、そぐように切る。

◎筋切り……肉の脂身と赤身の境目に数カ所、繊維に対して垂直に5㎜ほど切り込みを入れる。こうすると身が縮みにくい。

酢の物・和え物

もう一品ほしいときに大活躍する、基本の合わせ酢や和え衣です。

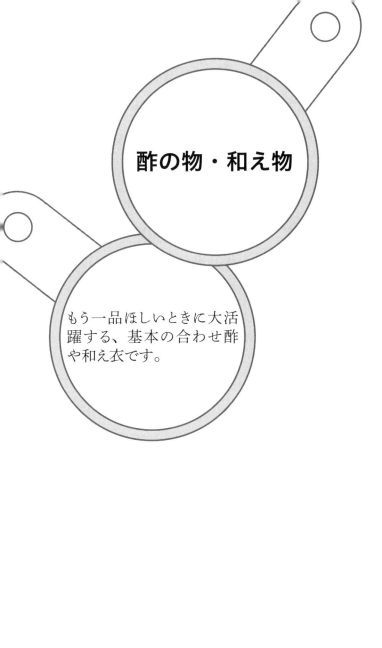

三杯酢

――酢の物作りに大活躍する基本の合わせ酢です

酢 〈大さじ3〉

みりん 〈大さじ1〉

砂糖 〈小さじ2〉

しょうゆ　〈小さじ1〉

作り方　すべての材料を混ぜ合わせる。

●活用レシピ

［きゅうりとわかめとたこの酢の物］
きゅうり2本は皮を縞目にむいて小口切りにし、塩水につけてしなやかになったら水気をしぼる。わかめは水でもどして刻む。ゆでだこ100gはそぎ切りにする。盛りつけて、三杯酢をかける。

［うなぎとセロリのわさび酢］
うなぎの白焼き1枚は1cm幅に切る。セロリ1本は筋を取って斜め薄切りにし、塩水につけてしなやかになったら水気をしぼる。三杯酢におろしわさびを溶き入れ、うなぎとセロリを和える。

［ゴーヤーとツナの和え物］
ゴーヤー1/2本は薄切りにしてさっとゆで、冷水にとって水気をしぼる。ツナ1缶は汁気をきってほぐす。おろししょうがを三杯酢に加え、ゴーヤーとツナを和える。

和食

甘酢

——かけたり、あえたり、漬けたりと、幅広く使えます

酢　〈大さじ3〉

砂糖　〈大さじ1〉

みりん　〈大さじ1〉

塩　〈小さじ1/2〉 

水　〈大さじ1〉 

作り方　すべての材料を混ぜ合わせる。

●活用レシピ

［トマトとみょうがのおろし和え］

大根200gはすりおろし、水気をきってボウルに入れ、甘酢を少しずつ加えながら混ぜて、みぞれ酢を作る。トマト1コはひと口大に、みょうが1コは小口切りにし、みぞれ酢で和える。

［ゆで玉ねぎのごま酢和え］

玉ねぎ1コは1cm幅のくし形切りにし、さっとゆでて冷水にとり、水気をよくしぼる。白いりごま大さじ3を半ずり程度にすり、甘酢に加えて混ぜ、玉ねぎを和える。

和食

酢みそ

——甘酸っぱいみそだれは、魚介類と相性抜群です

みそ　〈大さじ3〉

砂糖　〈大さじ3〉

酢　〈大さじ2〉

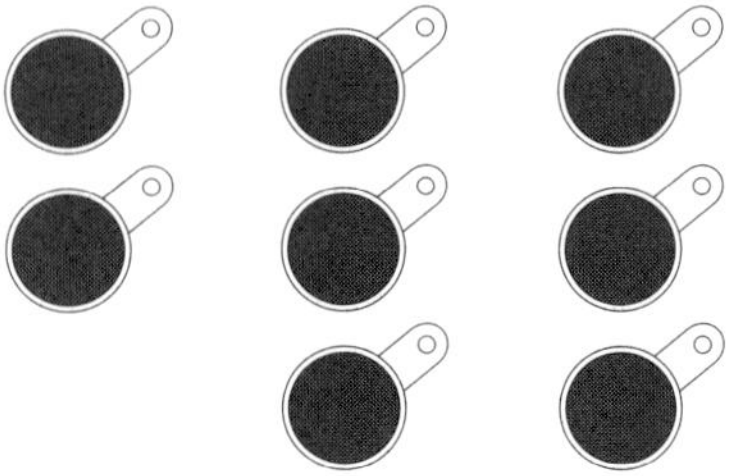

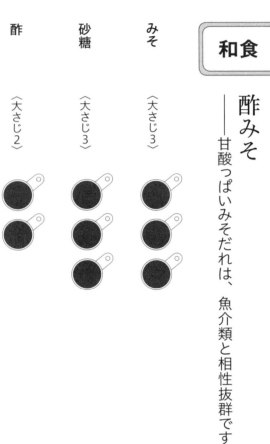

作り方

すべての材料を混ぜ合わせる。

活用レシピ

[まぐろとわけぎのぬた]

まぐろの赤身（サク・刺身用）100gは角切りにする。わけぎ1束はさっとゆでて冷水にとり、水気をしぼって2cm幅に切る。まぐろとわけぎを合わせ、酢みそで和える。

[たいとうどと菜の花の酢みそがけ]

たい（サク・刺身用）100gはそぎ切り、うど1本は皮をむいて4～5cm長さの細切りにする。菜の花は根元を切り落とし、色よくゆでて食べやすい大きさに切る。たい、うど、菜の花を盛りつけ、酢みそをかける。

[いかとこんにゃくの辛子酢みそ和え]

いかの胴体を輪切りにしてゆで、水気をきる。いかと刺身こんにゃくを合わせ、練り辛子大さじ1を酢みそに混ぜて和える。

[豚肉とセロリとパプリカの炒め和え]

とんかつ用の豚肉、セロリ、赤パプリカは1cmの角切りにする。サラダ油で最初に豚肉を炒め、セロリ、パプリカを加えてさっと炒め、酢みそを加えて火を止め、全体を混ぜ合わせる。

和食

おひたしの和え汁

——野菜の味が活きる、簡単便利なしょうゆ味のたれ

しょうゆ〈大さじ2〉

みりん〈大さじ1〉

だし汁〈大さじ1〉

作り方　すべての材料を混ぜ合わせる。

活用レシピ

［ほうれん草のおひたし］
ほうれん草1束は色よくゆで、冷水にとって水気をしぼる。4cm幅に切り、軽くしぼって和え汁で和える。

［にらの納豆和え］
にら1束は色よくゆで、3cm幅に切る。納豆1パックに和え汁を加えてよく混ぜ、にらを和える。

［小松菜の辛子和え］
小松菜1束は色よくゆで、3cm幅に切る。和え汁に練り辛子大さじ1を溶き入れ、小松菜を和える。

［アスパラガスの焼きびたし］
アスパラガスはグリルまたは焼き網でしんなりする程度まで焼く。熱いうちに和え汁をからめる。

和食

ごま和えのたれ

――和え物だけでなく、お惣菜作りにも使える万能だれ

練りごま（白）〈大さじ2〉

しょうゆ〈大さじ1〉

みりん〈大さじ1〉

砂糖　〈小さじ1〉

作り方

練りごまに、ほかの材料を少しずつ加えて、溶きのばすように混ぜ合わせる。

活用レシピ

[アスパラとしいたけのごま和え]

アスパラガス1束としいたけ2枚は、グリルまたは焼き網で焦げ目がつく程度まで焼く。アスパラガスは3cm長さに切り、しいたけは薄切りにして合わせ、たれで和える。

[ほたて貝柱のごま和え]

ほたての貝柱（刺身用）3～4コはそぎ切りにして、たれで和える。青じそ1枚を添えて盛りつけ、おろしわさびを添える。

[和風ポテトサラダ]

じゃがいも1コは皮をむいてひと口大に切り、やわらかくなるまでゆでる。湯を捨てて鍋をよくゆすって水分を飛ばし、粉ふきいもにする。万能ねぎの小口切り大さじ2を加えて混ぜ、たれで全体をよく和える。

和食

白和えの和え衣

——素材を引き立てる、優しい味わいの和え衣

豆腐〈1/2丁〉

練りごま（白）〈大さじ2〉

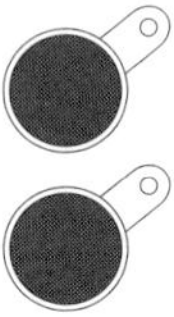

砂糖〈大さじ3〉

塩

〈小さじ1/2〉

作り方

豆腐をスプーンなどでくずし、練りごま、砂糖、塩を加えて混ぜ合わせる。

●活用レシピ

[こんにゃくとにんじんの白和え]

こんにゃく1枚、にんじん1/2本は短冊切りにし、こんにゃくは下ゆでする。だし汁1/2カップ、塩、砂糖各少々で、こんにゃく、にんじんをにんじんがやわらかくなるまで下煮して冷ます。きぬさや50gは筋を取って色よくゆでる。こんにゃく、にんじんの汁気をきってきぬさやと合わせ、和え衣で和える。

[菜の花の白和え]

菜の花は根元を切り落として色よくゆで、冷水にとって水気をしぼり、3cm幅に切る。和え衣で和える。

[サニーレタスとツナの白和えサラダ]

サニーレタス3〜4枚は2cm角に切る。ツナ1缶は汁気をきってほぐし、和え衣に加えて混ぜ合わせる。サニーレタスを加えて混ぜる。

ナムルのたれ

——韓国の和え物といったらコレ！　野菜がモリモリ食べられます

塩 〈小さじ1/4〉

すりごま（白） 〈小さじ1〉

おろしにんにく 〈小さじ1/8〉

ごま油　〈大さじ1/2〉

作り方

すべての材料を混ぜ合わせる。

活用レシピ

［ナムル］

もやし、にんじんのせん切り、ほうれん草など、野菜150gをゆでて、水気をよくきり、たれを和える。

エスニック

チャプチェのたれ

――ごま油の風味が食欲をそそる、韓国のお惣菜のたれ

しょうゆ〈大さじ2〉

砂糖〈大さじ1/2〉

ごま油〈大さじ1〉

ごま　〈大さじ1〉

おろししょうが　〈小さじ1/2〉

おろしにんにく　〈小さじ1/4〉

作り方

すべての材料を混ぜ合わせる。

● 活用レシピ

［チャプチェ］

細切りの牛薄切り肉、にんじん、しいたけをごま油で炒め、きぬさや、もどして刻んだ春雨、たれを加えて混ぜる。

エスニック

ガドガドのたれ

——ピーナッツバターがベースのインドネシアのサラダのたれ

ピーナッツバター〈大さじ3〉

サラダ油〈大さじ2〉

湯〈1/2カップ〉

酢〈大さじ2〉

砂糖〈大さじ1〉

塩〈小さじ1/2〉

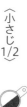

サンバル
または
豆板醤〈大さじ1/2〉

こしょう〈少々〉

しょうゆ〈大さじ1/2〉

おろしにんにく〈小さじ1/2〉

作り方

ピーナッツバターにほかの材料を少しずつ加えて、溶きのばすように混ぜ合わせる。

活用レシピ

［ガドガド］

厚揚げ1枚は熱湯をかけて油抜きし、ひと口大に切る。アスパラガス、にんじん、じゃがいも、さやいんげんはゆでて食べやすい大きさに切る。きゅうり、トマト、ゆで卵も食べやすい大きさに切る。すべてを盛りつけ、たれをかける。

［キャベツと豚肉のピーナッツ和え］

キャベツ、豚薄切り肉はそれぞれゆでて火を通し、ひと口大に切る。キャベツと豚肉を合わせ、たれで和える。

料理がおいしくなる 料理名の話

料理名にはさまざまな意味や由来が隠されています。知っていると、料理を作るのも食べるのも楽しくなります。

◎きじ焼き……もともと鳥のキジを焼いたもの。現在は、魚の切り身や鶏肉をみりんじょうゆにひたして焼いたものをさす。

◎なべしぎ……なすを鳥のシギに見立てた精進料理。鍋で調理するシギ焼きという意味。

◎炊き合わせ……本来、別々に煮た2種類以上の煮物をひとつの器に盛り合わせたもの。

◎煮びたし……薄味の煮汁で作る煮物。器に盛るときは煮汁をたっぷりはる。

◎南蛮漬け……魚などを揚げ、唐辛子を加えた合わせ酢に漬けたもの。諸説あるが、南方諸地域、またその地域を支配していたポルトガルやスペインから伝えられた料理。

◎ぬた……魚や野菜などを酢みそで和えたもの。ぬたは沼田を意味し、どろりとしたところが沼田を連想させることから、この名がついた。

◎チャンプルー……野菜や豆腐を炒めた沖縄料理。チャンプルーは混ぜるという意味。

◎マリネ……漬け込むという意味。魚介類、肉、野菜などを調味料に漬け込む。

◎リゾット……米を炒めてスープで炊いたイタリア料理。

ドレッシング

ドレッシングを手作りすれば、
いつものサラダもごちそうに。

冷蔵庫で1週
間ほど保存で
きます。

洋食

フレンチドレッシング

――どんなサラダにも合う基本のドレッシングです

酢 〈大さじ2〉

塩 〈小さじ1/2〉

こしょう 〈少々〉

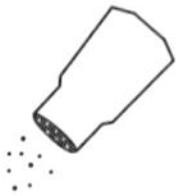

サラダ油　〈大さじ4〉

作り方

酢に塩、こしょうを加えてよく混ぜ合わせ、サラダ油を少しずつ注いで混ぜる。

活用レシピ

粒マスタード大さじ2を加えればマスタードドレッシング、ブルーチーズ大さじ2を細かくほぐして加えればチーズドレッシングに。

洋食

イタリアンドレッシング

――トマトとハーブのドレッシングで、サラダがごちそうに

酢 〈大さじ2〉

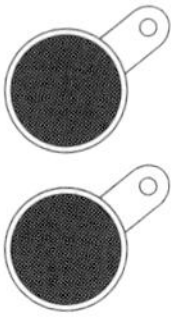

塩 〈小さじ1/2〉

こしょう 〈少々〉

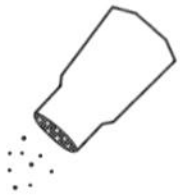

オリーブ油〈大さじ4〉

トマトのみじん切り〈大さじ2〉

ハーブのみじん切り〈大さじ1〉

作り方

酢に塩、こしょうを加えてよく混ぜ合わせ、オリーブ油を少しずつ注いで混ぜる。トマト、ハーブを加えて混ぜ合わせる。

和食

和風ドレッシング

——魚介サラダに最適な、しょうゆベースのドレッシング

酢〈大さじ2〉

しょうゆ〈大さじ1〉

みりん〈小さじ1〉

こしょう　〈少々〉

ごま油　〈大さじ2〉

サラダ油　〈大さじ2〉

おろししょうが　〈大さじ1〉

作り方

酢にしょうゆ、みりん、こしょうを加えてよく混ぜ合わせ、ごま油、サラダ油を少しずつ注いで混ぜる。おろししょうがを加えて混ぜ合わせる。

中華

中華風ドレッシング

——薬味入りピリ辛ドレッシングは、冷奴にかけても美味

酢 〈大さじ2〉

オイスターソース 〈小さじ1〉

豆板醤 〈小さじ1〉

塩　〈小さじ1/2〉

ごま油　〈大さじ4〉

長ねぎのみじん切り　〈大さじ2〉

にんにくのみじん切り　〈小さじ1/2〉

作り方

酢にオイスターソース、豆板醤、塩を加えてよく混ぜ合わせ、ごま油を少しずつ注いで混ぜる。長ねぎ、にんにくを加えて混ぜ合わせる。

エスニック

韓国風ドレッシング

——〝焼肉屋さんのサラダ〟が作れるドレッシングです

酢〈大さじ2〉

しょうゆ〈大さじ2〉

砂糖〈小さじ1〉

レモン汁　〈小さじ2〉

ごま油　〈大さじ2〉

いりごま（白）　〈大さじ1〉

おろしにんにく　〈小さじ1/4〉

作り方

酢にしょうゆ、砂糖、レモン汁を加えてよく混ぜ合わせ、ごま油を少しずつ注いで混ぜる。いりごま、にんにくを加えて混ぜ合わせる。

材料別料理 index

肉

牛肉

牛丼……147
牛肉とトマトの炒め物……29
牛肉とにらの炒め物……73
すき焼き……147
チャプチェ……253
チンジャオロースー……81
肉じゃが……47
肉豆腐……147
火鍋……157
プルコギ……131

豚肉

薄切り肉の薬味煮……13
かつ丼……203
カレー鍋……153
キャベツと豚肉のピーナッツ和え……255
ゴーヤーチャンプルー……77
じゃがいもとスペアリブの煮物……155
じゃがいもと豚肉の煮物……61
酢豚……91
青梗菜とゆで豚の和え物……129
なすの柳川風……203
白菜と豚ばら肉の豆乳煮……149
火鍋……157
豚スペアリブのバーベキュー……121
豚肉と青菜の塩麹炒め……75
豚肉ときゅうりの炒め物……87
豚肉とごぼうのみそ煮……45
豚肉とセロリとパプリカの炒め和え……243
豚肉とセロリの炒め物……35
豚肉と玉ねぎの炒め物……105
豚肉と長ねぎの梅炒め……19
豚肉とれんこんのみそ炒め……69
豚肉のおろし煮……43
豚肉のしょうが焼き……103
豚肉のねぎみそ焼き……69
豚肉のマスタードソース煮……183
豚肉のみそ漬け……113
豚の角煮……51
ホイコーロー……83
ポークソテー……181
みそかつ……169

ゆで豚と三つ葉の和え物……39

鶏肉

親子丼……201
サテー……135
炊き合わせ……55
タンドリーチキン……133
チキンソテー辛子酢がけ……71
筑前煮……53
手羽先の揚げ漬け……161
手羽先のオイスターソース煮込み……65
手羽先のしょうゆ煮……51
鶏肉とねぎのみそ炒め……83
鶏肉の炒め漬け……111
鶏肉のきじ焼き……73
鶏肉のバジル炒め……95
鶏肉のバジル炒めごはん……99
鶏肉のみそ煮……63
鶏のから揚げ……107
バンバンジー……171
火鍋……157
蒸し鶏とアボカドのサラダ……189
寄せ鍋……139
ローストチキン……123

ラム肉

ジンギスカン……109
火鍋……157

ひき肉

塩ちゃんこ……141
肉みそ……167
ひき肉とにらの豆乳スープ……149
麻婆豆腐……85
もやしとひき肉のいり煮……47

ハム・パンチェッタ・ベーコン・焼き豚

カルボナーラ……223
ベーコンとトマトのパスタソース……21
焼き豚と焼きねぎの辛子酢和え……71
レタスとハムの卵とじ……223

魚介

魚

アボカドとたいのサラダ……23
イタリアン鍋……151
いわしの蒲焼き……73

いわしの酢煮……161
いわしのトマト煮……21
うなぎとセロリのわさび酢……239
うなぎとにらの卵とじ……201
かじきまぐろの梅焼き……19
きんめだいの煮つけ……43
小あじの中華煮……61
小あじの南蛮漬け……111
サーモンマリネのソテー……125
さけとセロリの混ぜずし……205
さけのソテーねぎあんかけ……59
さけの鍋照り焼き……105
さけのマヨネーズ焼き……89
さばのみそ煮……45
さわらのみそ漬け……113
さんまのしょうゆ煮……105
たいとアボカドの和え物……165
たいとうどと菜の花の酢みそがけ……243
たいみそ……167
たいめし……211
たらチゲ……155
たらのから揚げレモンソース……185
ぶりの照り焼き……105
ぶりの麻婆煮……85
まぐろとわけぎのぬた……243
まぐろの和え物……103
まぐろのづけ丼……115
真だいのカクテル……191
みそちゃんこ……143
寄せ鍋……139

いか・えび・たこ

いか大根……215
いかとこんにゃくの辛子酢みそ和え……243
いかとセロリの和え物……81
いかとトマトのサラダ……161
えびチリ……87
えびマヨ……89
きゅうりとわかめとたこの酢の物……239
高野豆腐とえびの煮物……55
たことモッツァレラのサラダ……191
生春巻き……177

貝・海藻

きゅうりとわかめとたこの酢の物……239
ほたて貝柱の辛子酢炒め……71
ほたて貝柱のごま和え……247

野菜

葉菜

青菜炒め……93
うなぎとにらの卵とじ……201
キャベツと豚肉のピーナッツ和え……255
キャベツの酢炒め……161
牛肉とにらの炒め物……73
きゅうりのしそ漬け……117
空芯菜炒め……97
小松菜の辛子和え……245
小松菜の煮びたし……15・59
さけのソテーねぎあんかけ……59
サニーレタスとツナの白和えサラダ……249
たいとうどと菜の花の酢みそがけ……243
青梗菜とゆで豚の和え物……129
青梗菜の薬味和え……13
鶏肉とねぎのみそ炒め……83
菜の花漬け……117
菜の花の白和え……249
ナムル……251
にらと桜えびの卵とじ……43
にらの納豆和え……245
バーニャカウダ……197
白菜キムチ……35
白菜とツナの煮びたし……203
白菜と豚ばら肉の豆乳煮……149
ひき肉とにらの豆乳スープ……149
豚肉と青菜の塩麹炒め……75
豚肉と長ねぎの梅炒め……19
豚肉のねぎみそ焼き……69
ホイコーロー……83
ほうれん草のおひたし……245
まぐろとわけぎのぬた……243
焼き豚と焼きねぎの辛子酢和え……71
ゆで豚と三つ葉の和え物……39
レタスとハムの卵とじ……223

茎菜

アスパラガスの焼きびたし……245
アスパラとしいたけのごま和え……247
いかとセロリの和え物……81
うなぎとセロリのわさび酢……239
さけとセロリの混ぜずし……205
セロリの中華風即席漬け……27
たいとうどと菜の花の酢みそがけ……243
たけのこごはん……211
玉ねぎとアスパラの梅肉和え……19
トマトとみょうがのおろし和え……241
にんにくの芽のみそ炒め……39
バーニャカウダ……197
豚肉とセロリとパプリカの炒め和え……243

豚肉とセロリの炒め物……35
豚肉と玉ねぎの炒め物……105
豚肉とれんこんのみそ炒め……69
ゆで玉ねぎのごま酢和え……241
れんこんの甘酢漬け……205

●果菜

アボカドとたいのサラダ……23
いかとトマトのサラダ……161
イタリア風オムレツ……223
かぼちゃのしょうゆ煮……47
かぼちゃの含め煮……57
牛肉とトマトの炒め物……29
きゅうりと大根のキムチ……35
きゅうりとわかめとたこの酢の物……239
きゅうりのしそ漬け……117
ゴーヤーチャンプルー……77
ゴーヤーとツナの和え物……239
ししとうのみそ炒め……17
たいとアボカドの和え物……165
たたききゅうりの即席漬け……129
チンジャオロースー……81
トマトとチーズのサラダ……23
トマトとみょうがのおろし和え……241
トマトの塩和え……93
なすの揚げ漬け……163
なすの酢炒め……129
なすの柳川風……203
なべしぎ……69
バーニャカウダ……197
豚肉ときゅうりの炒め物……87
ベーコンとトマトのパスタソース……21
ミックス野菜のピクルス……127
蒸し鶏とアボカドのサラダ……189

●いも・根菜

いか大根……215
おでん……145
かぶと油揚げのみそ煮……217
きゅうりと大根のキムチ……35
きんぴらごぼう……49
ごぼうのみそ漬け……113
こんにゃくとにんじんの白和え……249
さつまいものみそ煮……45
さつまいものレモン煮……57
さといものごまみそ和え……17
さといものしょうゆ煮……215
じゃがいもとスペアリブの煮物……155
じゃがいもと豚肉の煮物……61
じゃがいものサラダ……23
炊き合わせ……55
筑前煮……53

トマトとみょうがのおろし和え …… 241
なすの柳川風 …… 203
ナムル …… 251
肉じゃが …… 47
にんじんのソムタム風 …… 31
バーニャカウダ …… 197
豚肉とごぼうのみそ煮 …… 45
豚肉のおろし煮 …… 43
ミックス野菜のピクルス …… 127
和風ポテトサラダ …… 247

◎きのこ・もやし

アスパラとしいたけのごま和え …… 247
えのきだけの佃煮風 …… 103
きのこごはん …… 211
きのこのさっと煮 …… 59
ナムル …… 251
もやしとひき肉のいり煮 …… 47
もやしの酢炒め …… 27

大豆・大豆製品

◎厚揚げ・油揚げ

厚揚げのみそ煮 …… 63
いなりずし …… 207
おでん …… 145
かぶと油揚げのみそ煮 …… 217

◎豆腐・高野豆腐

高野豆腐とえびの煮物 …… 55
たらチゲ …… 155
豆乳鍋 …… 149
豆腐のオイスターソース煮 …… 29
豆腐のごま煮 …… 171
肉豆腐 …… 147
煮奴 …… 215
麻婆豆腐 …… 85

◎納豆

にらの納豆和え …… 245

乾物・加工食品

◎こんにゃく

いかとこんにゃくの辛子酢みそ和え …… 243
おでん …… 145
こんにゃくとにんじんの白和え …… 249
こんにゃくの青のり煮 …… 49

◎桜えび・ちりめんじゃこ
じゃこチャーハン……15
にらと桜えびの卵とじ……43

◎ツナ缶
ゴーヤーとツナの和え物……239
サニーレタスとツナの白和えサラダ……249
白菜とツナの煮びたし……203

◎春雨・割り干し大根
チャプチェ……253
春雨サラダ……31
割り干し大根のハリハリ漬け……119

卵・チーズ

◎卵
厚焼き卵……201
うなぎとにらの卵とじ……201
親子丼……201
かつ丼……203
タイ風卵炒め……33
卵焼き……79
なすの柳川風……203
にらと桜えびの卵とじ……43

◎チーズ
たことモッツァレラのサラダ……191
トマトとチーズのサラダ……23
ピザ……193

◎ごはん
いなりずし……207
エスニックチャーハン……231
親子丼……201
かつ丼……203
かやくごはん……209
きのこごはん……211
さけとセロリの混ぜずし……205
じゃこチャーハン……15
すし飯……205
たいめし……211
たけのこごはん……211
タコライス……213
トマトリゾット……151
まぐろのづけ丼……115
みそぞうすい……217

◎めん

あんかけ焼きそば……227
アンチョビパスタ……23
カルボナーラ……223
ジェノベーゼのパスタ……195
しょうゆ焼きそば……225
ソーメンチャンプルー……219
ナポリタン……221
パッタイ……231
ビビンめん……235
冷やし汁ビーフン……229
冷やし中華……229
フォー……233
みそ煮込みうどん……217

本書は、『たれとソースの１００レシピ』（小社刊／２００７年）を改題、加筆、修正の上、再編集したものです。

人生の活動源として

いま要求される新しい気運は、最も現実的な生々しい時代に吐息する大衆の活力と活動源である。

文明はすべてを合理化し、自主的精神はますます衰退に瀕し、自由は奪われようとしている今日、プレイブックスに課せられた役割と必要は広く新鮮な願いとなろう。

いわゆる知識人にもとめる書物は数多く窺うまでもない。

本刊行は、在来の観念類型を打破し、謂わば現代生活の機能に即する潤滑油として、逞しい生命を吹込もうとするものである。

われわれの現状は、埃りと騒音に紛れ、雑踏に苛まれ、あくせく追われる仕事に、日々の不安は健全な精神生活を妨げる圧迫感となり、まさに現実はストレス症状を呈している。

プレイブックスは、それらすべてのうっ積を吹きとばし、自由闊達な活動力を培養し、勇気と自信を生みだす最も楽しいシリーズたらんことを、われわれは鋭意貫かんとするものである。

―創始者のことば―　小澤和一

著者紹介

検見﨑 聡美〈けんみざき さとみ〉

料理研究家、管理栄養士。赤堀栄養専門学校卒業後、料理研究家のアシスタントを務める。独立後はテレビや雑誌、書籍を中心に活躍。初心者でも手軽に確実に作れる料理と、そのセンスのよさには定評がある。
『保存容器でつくる「おハコ」レシピ』シリーズをはじめ、『3行レシピでつくる居酒屋おつまみ』シリーズ、『「合わせ調味料」の味つけ便利帳』『フライパンひとつで77の裏ワザ』(小社刊)、『おいしさのコツが一目でわかる　基本の料理』(成美堂出版)など著書多数。

たれとソース 毎日《まいにち》の便利帳《べんりちょう》　青春新書 PLAYBOOKS

2015年11月1日　第1刷

著者　検《けん》見《み》﨑《ざき》聡《さと》美《み》

発行者　小澤源太郎

責任編集　株式会社プライム涌光

電話　編集部　03(3203)2850

発行所　東京都新宿区若松町12番1号　〒162-0056　株式会社青春出版社

電話　営業部　03(3207)1916　振替番号　00190-7-98602

印刷・図書印刷　製本・フォーネット社

ISBN978-4-413-21050-8

青春新書プレイブックス　好評発売中!
検見﨑聡美のレシピブック

＼まぜてチンするだけ／
保存容器でつくる
おハコレシピ

こんな料理が作れるなんて!

ISBN978-4-413-01910-1　1000円

＼まぜてチンするだけ／
おハコレシピ
保存容器でつくる
ごはんのとも

これさえあれば、何杯でも食べられる!

ISBN978-4-413-01921-7　1000円

保存容器でつくる
おハコレシピのお弁当

材料つめて、あとは会社でチンするだけ!

ISBN978-4-413-21026-3　1010円

お願い　ページわりの関係からここでは一部の既刊本しか掲載してありません。折り込みの出版案内もご参考にご覧ください。

※上記は本体価格です。(消費税が別途加算されます)
※書名コード(ISBN)は、書店へのご注文にご利用ください。書店にない場合、電話または Fax(書名・冊数・氏名・住所・電話番号を明記)でもご注文いただけます(代金引替宅急便)。商品到着時に定価+手数料をお支払いください。
〔直販係　電話03-3203-5121　Fax03-3207-0982〕
※青春出版社のホームページでも、オンラインで書籍をお買い求めいただけます。ぜひご利用ください。〔http://www.seishun.co.jp/〕